AF532693

Das neue Münster

Münster in Fotos von 1965 bis 1975

BAND II

Ursprünglich sollte das Haus an der Rothenburg vollständig abgerissen werden, doch dann konnte wenigstens die Vorderfassade mit dem vorspringenden Bogengang gerettet werden. Aus heutiger Sicht ist es kaum vorstellbar, dass man noch Mitte der 1970er Jahre tatsächlich über den Abriss eines der wenigen erhaltenen Beispiele profaner Architektur aus dem 16. Jahrhundert in Münster überhaupt nachgedacht hat. Der Blick streift an der abgestützten Fassade vorbei in Richtung Königsstraße. Mit dem Neubau der Münster-Arkaden und dem Umbau des ehemaligen Bankgebäudes rechts im Vordergrund hat sich die Architektur aber auch hier stark verändert.

Herausgegeben vom
Stadtmuseum Münster

Axel Schollmeier

Das neue Münster

Münster in Fotos von 1965 bis 1975

BAND II

Aschendorff Verlag

Inhalt

Das neue Münster II – die neue Stadt ist da! Ein Vorwort

Wie das neue Münster nach den massiven Zerstörungen des Zweiten Weltkriegs erst einmal zögernd und von Mangel geprägt aufgebaut wurde, zeigte das Buch „Ende und Anfang. Münster in Fotos zwischen 1945 und 1949" zur gleichnamigen Ausstellung im Stadtmuseum Münster vor wenigen Jahren. Trümmerberge, die zerstörte Infrastruktur und für die meisten Menschen ein Leben im Elend kennzeichnen diese Periode. Buch und Ausstellung „Das unbekannte Münster. Fotos von 1950 bis 1965" brachten dem Publikum nach der Währungsreform und dem Marshall-Plan den rasanten, aber auch bescheidenen Wiederaufbau nahe. Doch in dieser Phase entstanden neben dem schnell aufgerichteten Wohnungsbau, der wenig Abwechslung bot, auch erste herausragende Neubauten wie das Theater oder die Landwirtschaftskammer an der Schorlemerstraße. Der Band hieß „Das unbekannte Münster", da die beiden auf die 1950er Jahre folgenden Jahrzehnte doch so prägend waren, dass die Erinnerung an das Stadtbild dieser Zeit fast vollständig verblasste. Mit dem Bildband „Das neue Münster. Münster in Fotos von 1950 bis 1965" wurden die großen Veränderungen dokumentiert, die deutlich machen, dass der Wunsch, das „alte Münster" wiederaufzubauen, immer weiter in den Hintergrund trat. Der Band „Das neue Münster II. Münster in Fotos von 1965 bis 1975", den Sie nun in Händen halten, zeigt schon das übergroße Selbstbewusstsein der Bevölkerung in der Zeit des Wirtschaftswunders: Man setzte den Abriss von fast unbeschadet über den Krieg gekommenen Gebäuden fort, und die autogerechte Stadt hinterließ ebenfalls immer tiefere Spuren durch Straßendurchbrüche und Verbreiterungen der Fahrbahnen auch in der Innenstadt. In dieser Periode entstand die neue Stadt, in der zumindest auf den ersten Blick kaum noch etwas an die Schrecken des Krieges erinnert, der dann auch schon drei Jahrzehnte zurückliegt.

Mit diesen vier Bänden aus der Feder von Herrn Dr. Axel Schollmeier ist nun die Wiederentstehung des münsterischen Stadtbilds von der Kapitulation Deutschlands 1945 bis zum Jahre 1975 nachzuvollziehen; Mitte der 1970er Jahre zeugen nur noch wenige Trümmergrundstücke oder nur bis zum Erdgeschoss aufgebaute Gebäude vom Krieg. Selten liegt für eine deutsche Stadt solch eine umfassende Geschichte der Topographie in Fotografien vor, die auch die neu gebauten Stadtteile einschließt. Mein großer Dank gilt dem stellvertretenden Leiter des Stadtmuseums Münster, Herrn Dr. Axel Schollmeier, der mit großer Akribie und über Jahrzehnte geschärftem Sachverstand diesen Band zusammengetragen hat.

Den Grundstock bildet wie schon beim vorangegangenen Band unser eigener, umfangreicher Bestand an Fotografien von Willi Hänscheid. Wir sind dankbar, dass das Stadtarchiv Münster uns einige wichtige, ergänzende Fotos zur Verfügung gestellt hat.

Ein solches Buch braucht die Unterstützung Vieler: Das Vermessungs- und Katasteramt der Stadt Münster erteilte die Erlaubnis, den aktuellen offiziellen Stadtplan für das Buch und die Ausstellung zu nutzen, Dank an Herrn Michael Schröder; das städtische Bauordnungsamt war mit Auskünften behilflich.

Herr Gregor Wintgens hat das heutige Aussehen der jeweiligen Standorte im Bild festgehalten. Den Personen, die den Zugang zu Gebäuden ermöglicht haben, sei ebenfalls gedankt. Darüber hinaus hat er die Verortung und die Blickrichtung auf einem heutigen Stadtplan eingetragen, die zweite Möglichkeit, die Veränderungen auch örtlich genau nachzuvollziehen.

Frau Dr. Edda Baußmann und Frau Janna Stupperich haben präzise Korrektur gelesen. Unsere Fotoabteilung hat wie jedes Jahr die digitale Bildgestaltung umgesetzt: Mein Dank gehört Herrn Tomasz Samek, Herrn Andreas Reimer und Frau Stefanie Wollweber.

Dr. Barbara Rommé
Direktorin des Stadtmuseums Münster

Das neue Münster II 1965 bis 1975

Die zehn Jahre von 1965 bis 1975 sind zwar nur ein kurzer Abschnitt in der münsterischen Geschichte nach dem Zweiten Weltkrieg, aber sie stellen in vielerlei Hinsicht einen Wendepunkt in der städtischen Entwicklung nach 1945 dar. Die Phase des Wiederaufbaus war endgültig abgeschlossen, und in vielen Aspekten der Stadt- und Verkehrsplanung herrschte ein moderner Zeitgeist vor, der zumindest aus heutiger Sicht fragwürdig erscheint. Der optimistische Glaube an eine vollständige Planbarkeit und Berechenbarkeit zukünftiger Entwicklungen wie ein beständiges Wachstum von Handel und Wirtschaft schlug sich auch in städtebaulichen Leitbildern nieder. Das Auto und die Trabantenstadt wurden zum Maßstab der Planung, das Zentrum hatte vor allem als zentralörtlicher Wirtschaftsraum zu dienen. Die Innenstadt als identifikationsstiftender Lebensraum und soziokultureller Mittelpunkt rückten zeitweilig in den Hintergrund. Von den Bomben des Zweiten Weltkriegs verschonte historische Bausubstanz musste – vor allem, wenn sie aus dem späten 19. oder frühen 20. Jahrhundert stammte – auch in

Luftbild von Coerde, 1966

Ausbau der Kreuzung von Steinfurter Straße und Grevener Straße, 1973

Münster vielfach fragwürdigen Neubauten weichen. Der uneingeschränkte Fortschrittsglaube prägte in einer auffällig gesichtslosen Gleichheit den Ausbau bundesdeutscher Städte in diesem Jahrzehnt. Dazu gehörten auch die von der Stadt Münster als Trabantenstädte gepriesenen neuen Großsiedlungen in einem stark vom vorherrschenden architektonischen Zeitgeist geprägten Einheitsstil. Aus wirtschaftlichen Gründen wurden diese neuen Stadtteile zunehmend dichter bebaut, wobei auf die Bedürfnisse der Menschen immer weniger Rücksicht genommen wurde.

Münsterische Stadtplanung

War die Aaseestadt noch weitgehend dem städtebaulichen Leitbild der „gegliederten und aufgelockerten Stadt" gefolgt, so machte sich bei den Planungen für den Ausbau von Coerde eine zunehmende Bebauungsdichte bemerkbar. Damit war der Übergang zum neuen Planungsideal der „Urbanität durch Dichte" eingeleitet, das in den neuen Großsiedlungen Berg Fidel und Kinderhaus-Brüningheide umgesetzt wurde. Die zunehmende Verdichtung sollte vor allem durch den Bau von Wohnhochhäusern erreicht werden. Ursprünglich vorgesehene Grünflächen wurden in beiden Siedlungen zugunsten von engerer Bebauung nicht angelegt. Große, mitunter überdimensionierte Zugangsstraßen mit Fußgängerüberführungen, die allerdings von der ansässigen Bevölkerung kaum genutzt wurden, führten in und durch die neuen Siedlungen.

Aber auch im Zentrum und in den angrenzenden Gebieten machte sich die neue Planung bemerkbar. Wo irgend möglich wurden im Sinn der „verkehrsgerechten Stadt" die großen Radialstraßen wie die Grevener Straße, die Steinfurter Straße oder die Hammer Straße ausgebaut und verbreitert.

Die bereits in den 1930er Jahren geplante Ringstraße wurde im Bereich der neuen Universitätsinstitute am Rand von Gievenbeck oder an den Bahnstrecken am Niedersachsenring großzügig ausgebaut. Im Südosten blieb die Verbindung allerdings unvollendet.
Die Ölpreiskrise des Jahres 1973 und eine anschließende schwere wirtschaftliche Rezession bewirkten bei Politikern wie Planern, aber auch in der gesamten Gesellschaft einen allmählichen Wandel weg von Fortschrittsgläubigkeit und Wachstumseuphorie hin zu einer Rückbesinnung auf bestehende Werte. Vor allem die negativen Erfahrungen mit der Abwanderung der wohlhabenden Bevölkerung aus den Zentren der US-amerikanischen Großstädte in das Umland bewirkten ein Umdenken: Bisherige Kahlschlagsanierungen und die Ausbreitung von Großkaufhäusern und Konzernen wurden in Frage gestellt, die Bedeutung historischer Bausubstanz und die Verbesserung des städtischen Lebensraums gewannen allmählich an Bedeutung. Die Stadtplaner begannen, die Bedürfnisse der Menschen stärker zu berücksichtigen. Auch in Münster war die Verbesserung der Lebensverhältnisse in den bestehenden Neubaugebieten, aber ebenso in den zuvor vernachlässigten Innenstadtgebieten fortan ein wichtiges Thema von Politik und Verwaltung. Die Menschen sollten sich mit ihrer Stadt identifizieren können, womit nicht zuletzt Münsters Rolle als zentrales Oberzentrum bestätigt und weiterentwickelt werden sollte.

Bevölkerungsentwicklung und Eingemeindung

Die Grenzen des Wachstums machten sich in Münster auch bei der Bevölkerungsentwicklung bemerkbar. Das bis dahin rasante Wachstum der Einwohnerschaft verlangsamte sich im Verlauf der 1960er Jahre deutlich und stagnierte zwischen 1968 und 1974 bei einer Zahl von knapp 200.000 Menschen. Dieser Wert schien in der ersten Hälfte der 1970er Jahre die Obergrenze der Bevölkerung in Münster zu markieren. Im Jahr 1971 war sogar erstmals seit Kriegsende ein leichter Rückgang der Einwohnerzahl zu verzeichnen. Deutlich bemerkbar machte sich allerdings eine erhebliche Abwanderung von Personen aus der Stadt in die damals noch nicht zu Münster gehörenden Umlandgemeinden. Im Durchschnitt des Jahres 1974 lebten 199.245 Menschen in der Stadt.
Wegen der zunehmenden Verflechtung Münsters mit den angrenzenden Gemeinden hatte bereits 1968 ein Gutachten der nordrhein-westfälischen Landesregierung den Zusammenschluss Münsters mit dem Umland empfohlen. Im Januar 1969 stimmte der Rat der Stadt Münster dem Teilgebietsentwicklungsplan der Landesplanungsgemeinschaft Westfalen zu, der die Gemeinden Albachten, Amelsbüren, Angelmodde, Handorf, Hiltrup, Nienberge, Roxel, St. Mauritz und Wolbeck als Verflechtungsgebiet benannte. Zum 1. Januar 1975 trat die kommunale Gebietsreform in Kraft: Der Kreis Münster wurde aufgelöst, und die betroffenen Umlandgemeinden wurden mit kleinen Ausnahmen nach Münster eingemeindet. Das neue Stadtgebiet besaß nun eine Fläche von 30.222 Hektar und war damit um mehr als

Kinderhaus, Blick auf die Bebauung an der Killingsstraße, Brüningheide und Sprickmannstraße, 1975

das Vierfache des vorherigen Areals angewachsen. Münster wurde dadurch flächenmäßig nach Köln zur zweitgrößten Stadt in Nordrhein-Westfalen. Die Bevölkerung erhöhte sich sprunghaft auf über 264.000 Menschen. Die Einbindung der neuen Stadtteile bildete eine wesentliche Aufgabe der folgenden Jahre.

Wohnungsbau in Münster

Erst mit der Stagnation des Bevölkerungswachstums konnte im Jahr 1968 die seit Ende des Zweiten Weltkriegs bestehende Wohnraumbewirtschaftung in Münster aufgehoben werden. Dennoch blieb der Mangel vor allem an preiswertem Wohnraum für Familien und Studierende ein beständiges Thema in der Stadt, auch weil der Anteil öffentlich geförderter Neubauwohnungen nach 1969 erheblich abnahm. In den 1970er Jahren konzentrierte sich der soziale Wohnungsbau vor allem auf die Großsiedlungen Berg Fidel und Kinderhaus-Brüningheide. In Berg Fidel entstanden rund 1.250 Wohnungen, von denen etwa siebzig Prozent öffentlich gefördert wurden, in Brüningheide 1.700 mit einem neunzigprozentigen Anteil des öffentlich geförderten Wohnungsbaus. Die hohe Baudichte, städtebauliche Mängel und die Häufung des sozialen Wohnungsbaus führten in beiden Siedlungen allerdings schnell zu erheblichen Problemen. Der Ende der 1960er Jahre und 1972 geänderte Strukturplan sah für Gievenbeck ein Bevölkerungswachstum auf 36.000 Menschen im Zusammenhang mit dem weiteren Ausbau der Hochschulen vor. Am Ende des Jahrzehnts wurden die in Gievenbeck ausgewiesenen Baugebiete und die vorgesehene Baudichte wie-

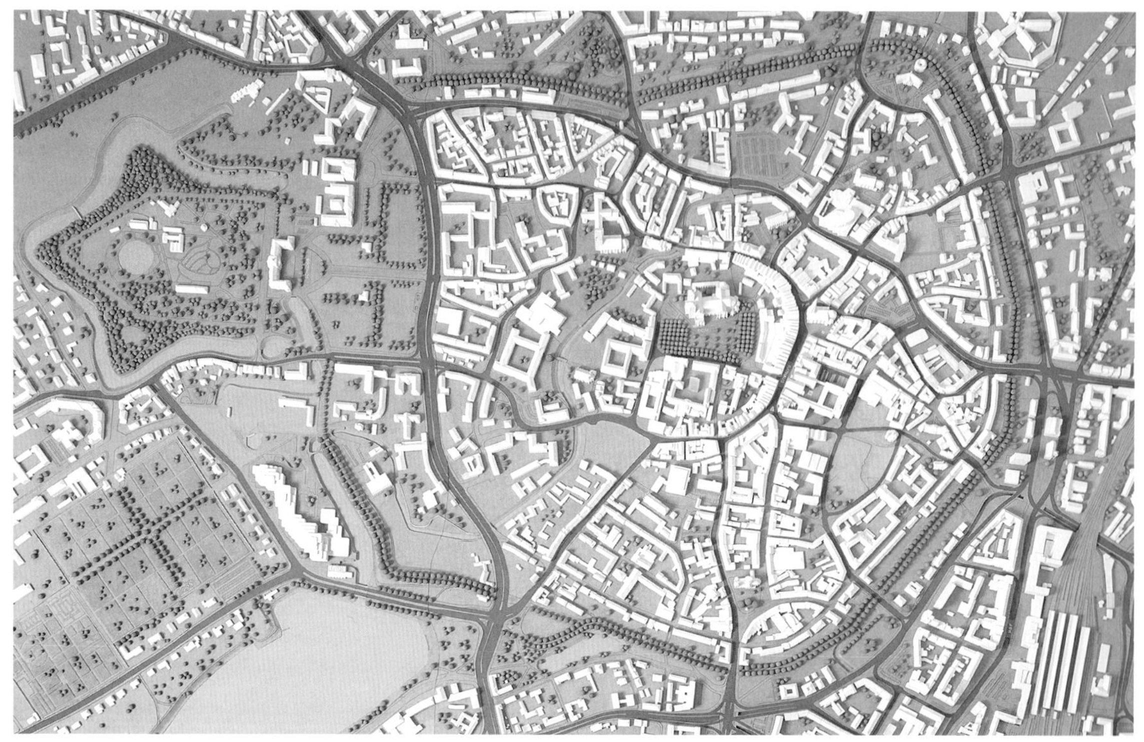

Planungsmodell (um 1973) der Stadt Münster im Stadtmuseum Münster

der verringert. Insgesamt sind für den Zeitraum von 1965 bis 1975 hohe Schwankungen bei der Anzahl der neuerstellten Wohnungen festzustellen: Wurden 1968 lediglich 989 neue Wohnungen fertiggestellt, waren es 1975 über 2.500. Im Jahr 1971 wurde die von Kriegsende bis heute höchste Zahl von 240 Wohnungen abgerissen, von denen sich nicht wenige in Gebäuden aus der Wende vom 19. zum 20. Jahrhundert befanden.
In den neuerbauten Stadtteilen errichtete die Stadt auch Schulgebäude zumindest für die Grundschulversorgung, für Kinderhaus plante man von Anfang an ein eigenes Schulzentrum mit weiterführenden Schulen.

Verkehr
Zu Beginn der 1960er Jahre beauftragte die Stadt Münster den Verkehrsplaner Kurt Leibbrand mit der Erstellung eines Generalverkehrsplans. Ganz dem damaligen Zeitgeist entsprechend sah Leibbrand tatsächlich die Umgestaltung Münsters in eine autogerechte Stadt vor. Die Ausfallstraßen waren achtspurig geplant, im Bereich des Neutors sollten 18 Spuren und stadtweit 36 kreuzungsfreie Knotenpunkte den Fahrfluss gewährleisten. Vorgesehen war zudem der Ausbau des noch fehlenden Stücks des zweiten wie die Anlage eines dritten Tangentenrings. Auch im Gebietsentwicklungsplan der Landesplanungsgemeinschaft Westfalen, der im Hinblick auf die Eingemeindung erstellt wurde, heißt es am Ende der 1960er Jahre noch: „Die starke Verkehrskonzentration auf die Stadt Münster hin hat in Ver-

bindung mit der steigenden Verkehrsbelastung an vielen Stellen zu Überlastungserscheinungen im Straßennetz geführt, die nur durch verkehrsgerechte Neu-, Um- und Ausbauten zu beseitigen sind." Der Rat der Stadt verabschiedete 1969 den überarbeiteten sogenannten Leibbrand-Plan, der für den innerhalb der Promenade gelegenen ersten Tangentenring einen Ausbau auf bis zu sechs Spuren vorsah ebenso wie einen Parkring mit Tiefgaragen und Parkhäusern. Auch der Gesamtverkehrsplan von 1974 nahm diese Überlegungen wie auch die für kreuzungsfreie Unterführungen etwa am Ludgeriplatz und Servatiiplatz auf, allerdings verabschiedete man sich von dem Parkring, an dessen Stelle nun eine schlaufenförmige Erschließung vorgesehen war. Aus heutiger Sicht muss man sicherlich froh sein, dass die „Grenzen des Wachstums" im Verlauf der 1970er Jahre offenbar wurden und die schlimmsten Auswüchse dieser Planungen, die noch heute in einem Planungsmodell aus der Zeit um 1973 im Stadtmuseum Münster deutlich zu erkennen sind, nicht umgesetzt wurden.
Eine wesentliche Entlastung von dem bislang weitgehend durch die Innenstadt geführten Fern- und Durchgangsverkehr bedeutete im Jahr 1968 die vollständige Fertigstellung der sogenannten Hansalinie, die als Autobahn vom Ruhrgebiet über Münster nach Hamburg führt. Nicht durchgeführte Planungen für eine bessere Anbindung Münsters an das Autobahn- wie auch das Eisenbahnnetz in Richtung Osten machten sich zu Zeiten des noch geteilten deutschen Staats nicht so gravierend bemerkbar wie nach der Wiedervereinigung im Jahr 1990.

Großbauten der Universität und weiterer Hochschulen

Als stadtteilprägend erwies sich der Ausbau der Universität zwischen der Innenstadt und Gievenbeck sowie der Sentruper Höhe. Im Bereich des neu

Universitätsklinikum im Bau, 1974

angelegten Orléans-Rings entstanden damals zahlreiche neue Institutsgebäude der mathematisch-naturwissenschaftlichen Fachbereiche. Dieses seit etwa Mitte der 1960er Jahre vollkommen neue Universitätsviertel wird bis heute immer weiter ausgebaut. Gleichzeitig begann auch die Erweiterung von Gievenbeck als Wohnort. Es entstand eine gemischte Bebauung mit Einzel-, Reihen- und Mehrfamilienhäusern, aber auch mit größeren Wohneinheiten und Wohnhochhäusern. Für Studierende errichtete man große Wohnblocks mit mehreren hundert Zimmern oder Kleinappartements, die sich damals noch in landwirtschaftlich geprägter Umgebung befanden.
Im Bereich des heutigen Rishon-Le-Zion-Rings lagen bereits seit der Zeit vor dem Zweiten Weltkrieg Klinikgebäude der Universität. Neben einigen neuen Fachkliniken wurde östlich der erst in den 1980er Jahren ausgebauten Ringstraße im Jahr 1972 mit den Arbeiten für das von seinen Ausmaßen her geradezu gigantische Zentralklinikum mit seinen prägnanten Bettentürmen begonnen. Wegen dieses umfangreichen Ausbaus von Instituten der Westfälischen Wilhelms-Universität und vor allem wegen des neuen Universitätsklinikums war das Land Nordrhein-Westfalen der größte Bauherr in der Stadt Münster. Nicht zuletzt gehörten hierzu auch die zwei in rasterförmiger Schnellbauweise errichteten sogenannten allgemeinen Verfügungszentren, die für akuten Raumbedarf eine variable Nutzung boten. Hinzu kamen ferner die neuen Gebäude der Pädagogischen Hochschule an der Fliednerstraße und der Fachhochschule an der Corrensstraße sowie nicht zuletzt die neue Universitätsbibliothek am Krummen Timpen.

Gebäude für Industrie, Gewerbe und Verwaltung

Trotz intensiver Bemühungen, größere Industriebetriebe anzusiedeln, blieb Münster eine weitgehend von Verwaltung und Dienstleistung geprägte Stadt. Zwischen 1965 und 1975 entstanden zahlreiche neue Verwaltungsgroßbauten wie etwa die Landesversicherungsanstalt an der Gartenstraße, die Oberfinanzdirektion an der Andreas-Hofer-Straße, die Versicherungs- und Sparkassengebäude am Bröderichweg und an der Weseler Straße.
Vom Autobahnzubringer aus deutlich sichtbar war die stetige Erweiterung des Firmenstandorts der münsterischen Lackfabrik Hobrecker und König an der Weseler Straße. Auch der Ausbau des Gewerbegebiets an der Borkstraße begann in dieser Zeit. Sicherlich weniger offensichtlich für die einheimische Bevölkerung war hingegen die Entwicklung der Industrie- und Gewerbegebiete an der Siemensstraße und am Höltenweg.
Die Bereitstellung ausreichender Flächen für die Ansiedlung von Unternehmen wie auch für den Ausbau bestehender Standorte war und blieb in Münster allerdings ein dauerhaftes Problem. Das galt sowohl für den industriell-gewerblichen Bedarf wie auch für den stetigen Mangel an Flächen für Unternehmen des Dienstleistungsbereichs.
Ein besonderer Fall bestand hinsichtlich des Baus der heutigen Landesbausparkasse an der Himmelreichallee, da er als einziges Großprojekt in unmittelbarer Nähe zur Altstadt neu errichtet wurde.

Das münsterische Stadtbild damals und heute

Das Stadtbild im Zentrum ist zwischen 1965 und 1975 vor allem durch die Neubauten des Regierungsgebäudes und des Westfälischen Landesmuseums für Kunst und Kulturgeschichte am Domplatz verändert worden. Hinzu kam in der Altstadt das neue Gebäude für die Universitätsbibliothek am Krummen Timpen. Die großen Brachflächen des Zweiten Weltkriegs, die zumeist als ebenerdige Parkplätze genutzt wurden, warteten hingegen noch immer auf ihre umfassenden baulichen Veränderungen. Sie setzten erst in der zweiten Hälfte der 1970er Jahre mit den Arbeiten für den Aegidiimarkt mit insgesamt zehn unterirdischen Parkgeschossen ein und fanden im folgenden Jahrzehnt mit der Bebauung des Parkplatzes Tibusstraße ihre Fortsetzung. Die einheimische Bevölkerung hatte sich daran gewöhnt, dass in der Innenstadt wie etwa im Bereich Klemensstraße und Stubengasse oder zwischen Mauritzstraße und Altem Steinweg ausgesprochene Hinterhöfe bestanden, die man lediglich als zentralen städtischen Parkraum ansah. Der Vergleich mit dem heutigen Stadtbild zeigt die Verbesserungen, die an diesen zentralen Stellen in den letzten Jahren erreicht wurden. Allerdings wird dabei auch deutlich, dass viele der damals errichteten Neubauten wie das Landesmuseum oder das Regierungsgebäude entweder bereits wieder abgerissen oder baulich stark verändert wurden. Aber auch große Verwaltungsbauten wie etwa die der Oberfinanzdirektion oder der Siedlungsgesellschaft Rote Erde haben kaum fünfzig Jahre Bestand gehabt.

Leider wurden in den Jahren von 1965 bis 1975 zahlreiche Altbauten vor allem im Kreuz- und Südviertel abgerissen. Ursache waren zum einen die damals noch geringe Wertschätzung für die gründerzeitlichen Wohnbauten aus der Zeit um 1900, zum anderen aber auch die höheren Renditen der neuerrichteten Appartementhäuser. Im Kreuzviertel sind dadurch mehr Altbauten zerstört worden als durch die Luftangriffe des Zweiten Weltkriegs. Bei der Betrachtung der Fotos fällt auf, dass die meisten Straßen damals noch Kopfsteinpflaster besaßen. Heute kommt es mitunter bei Kanalisationsarbeiten wieder zum Vorschein.

Eine der umfassendsten Veränderungen des zentrumsnahen Stadtbilds im Vergleich zu heute zeigt das Hafengebiet. Was damals für den Großteil der einheimischen Bevölkerung ein unbekanntes Stückchen Erde war, zählt heute zu den beliebtesten Vergnügungsorten Münsters. Und auch die Bebauung des Albersloher Weges hat sich vollständig und sicherlich zum deutlich Besseren gewandelt. Durch die Aufgabe ehemaliger Industriebetriebe wird dieses Gebiet am Dortmund-Ems-Kanal auch in Zukunft ein Ort großer städtebaulicher Veränderungen bleiben. Angesichts der städtebaulichen Planungen und mancher Großprojekte aus den Jahren zwischen 1965 und 1975 muss man aus heutiger Sicht fast froh sein, dass die Umgestaltung sensibler städtischer Bereiche wie etwa der Stubengasse oder des Hafens in dieser Zeit nicht umgesetzt wurde. Hier hat ein zwischenzeitliches Umdenken Münster sicherlich vor einigen städtebaulichen und architektonischen Sündenfällen bewahrt.

Die Fotos und die Fotografen

Das Stadtmuseum Münster verfügt in seiner umfangreichen Sammlung über einen Bestand von rund einer halben Million historischer Fotos. Die meisten Aufnahmen stammen von dem münsterischen Pressefotografen Willi Hänscheid (1919–1999), dessen umfangreiches Archiv das Stadtmuseum 1998 erworben hat. Die Zeitspanne seiner Aufnahmen reicht etwa bis zum Ende der 1960er Jahre. Für die erste Hälfte der 1970er Jahre konnten wir auf den umfangreichen Bestand des Zeitungsfotografen Rudolf Krause, der für die Tageszeitung Westfälische Nachrichten tätig war, zurückgreifen. Die Aufnahmen von Hänscheid und Krause halten in tausenden Bildern das münsterische Stadtbild in den Jahren zwischen 1965 und 1975 fest. Abrisse und Neubauten bilden einen Schwerpunkt ihrer fotografischen Arbeit. Die Auswahl ihrer Aufnahmen für dieses Buch wird ergänzt durch einige Luftfotos aus dem Stadtarchiv Münster.

Münster aus der Luft

Die Luftaufnahme vom Februar 1966 zeigt den Blick in Richtung Westen mit der Einsteinstraße vorne rechts und der Lukaskirche am Coesfelder Kreuz im Hintergrund. In der Bildmitte sieht man die neuen Institute für Pharmazeutische Biologie und Phytochemie und für Pharmazeutische und Medizinische Chemie sowie die Dekanate der Fachbereiche Chemie und Pharmazie. 2016 unterzeichneten die Spitzen von Universität und Stadt eine Absichtserklärung, gemeinsam den Bau eines Musikcampus auf dem Gelände zu prüfen. Hinter den Universitätsgebäuden stehen damals wie heute Nachkriegswohnzeilen gegenüber von Altbauten an der Hittorfstraße.

Das Luftbild vom Herbst 1972 zeigt die fertiggestellte Großsiedlung Coerde im Norden der Stadt. Hier entstanden zwischen 1962 und 1979 knapp 2.400 Wohnungen für rund 7.500 Menschen. Die Luftaufnahme macht das stadtplanerische Konzept einer scharfen Trennung von Bebauung und umgebender Landschaft deutlich. Unten in der Mitte erkennt man den Coerdemarkt, der der Nahversorgung der Bevölkerung dienen sollte.

Bereits im Jahr 1967 hatte der Rat beschlossen, den Zoo von der Himmelreichallee auf die Sentruper Höhe zu verlegen. Nach einem Wettbewerb entschied sich die Stadt, den Münsteraner Harald Deilmann mit der Ausführung der Gebäude und den Kasseler Günther Grzimek mit der Gestaltung der Außenanlagen für den neuen Zoo zu beauftragen. Die Arbeiten begannen im Jahr 1970. Allerdings führten Kostensteigerungen 1972 zu einem Wechsel der Architekten. Das ursprüngliche Konzept einer überdachten Verbindung aller Tierhäuser, das einen Zoobesuch bei jedem Wetter ermöglichen sollte, wurde aber beibehalten. Das Foto hält den Stand der Arbeiten auf dem rund dreißig Hektar großen Gelände im Mai 1973 fest. Ein Jahr später konnte der münsterische Allwetterzoo eröffnet werden.

Dieses Luftfoto vom Mai 1973 zeigt den Nordwesten Münsters im Bereich von Steinfurter Straße und der neuangelegten Ringstraße. Rechts unten erkennt man die neue Feuerwache und gegenüber ein weitflächiges Gebiet zur Steinfurter Straße hin, in dem sich neben einigen Wohnhäusern vor allem Gewerbe- und Industriebetriebe befanden. In der Bildmitte dominieren die neuen Wohnhochhäuser diesseits und jenseits des Orléans-Rings. Die dahinterliegende Universitätssportanlage am Horstmarer Landweg gibt es bis heute. In dem großflächigen Kasernengelände rechts befindet sich heute der Leonardo-Campus, der von der Westfälischen Wilhelms-Universität, der Fachhochschule sowie der Kunstakademie genutzt wird.

Im Mai 1973 wies das Gebiet zwischen Aaseestadt und Mecklenbeck noch große Freiflächen auf. Rechts unten erkennt man Teile der damaligen Landespolizeischule Carl Severing. Darüber zur Bildmitte hin erkennt man die Wohnhausbebauung, teils in Zeilenbauweise und größeren Wohnblöcken, teils in Reihen-, Doppel- oder Einzelhäusern. Oberhalb sieht man die ersten Großbauten in Richtung der noch weitgehend unbebauten Mecklenbecker Straße. Hier handelt es sich um die Gebäude der Friedensschule und um das noch im Bau befindliche Studierendenwohnheim an der Boeselager Straße, das 2012 wieder abgerissen wurde.

Dieses Luftfoto über den alten und den gerade im Ausbau befindlichen neuen Aasee in Richtung Westen zeigt zwei weitere münsterische Großbauprojekte aus dem Jahr 1973. Links oben sieht man die Großbaustelle um den Zoo, rechts oben die für das neue Klinikum. Deutlich zu erkennen ist der etappenmäßige Ausbau des neuen Aasees, mit dem 1972 begonnen worden war. Unten in der Mitte sieht man die Friedrichsburg, das Provinzhaus der Vorsehungsschwestern, mit den großen umliegenden Grünflächen. Auf der anderen Seite des Kolde-Rings steht das erste Hochhaus der LVM Versicherung.

Die Gebäude des neuen Universitätsklinikums waren über Jahre hinweg eine der größten münsterischen Baustellen. Die Arbeiten begannen 1971. Das Luftfoto hält den Stand der Arbeiten im Jahr 1974 fest. Deutlich zu erkennen sind bereits die vier Bettentürme. Das Großklinikum konnte 1982 nach zwölf Jahren Bauzeit bezogen werden. Links im von Süden aufgenommenen Foto befindet sich die Albert-Schweitzer-Straße, unten rechts ist die Wohnbebauung an der Schlüterstraße zu erkennen.

Das Luftfoto zeigt die münsterische Innenstadt in der Mitte der 1970er Jahre von Südwesten. In der Bildmitte erkennt man den Prinzipalmarkt mit der Lambertikirche, wo sich im Vergleich zu heute wenig verändert hat. Die offensichtlichsten Neuerungen seit dieser Zeit zeigen die großen Parkplatzflächen, die mit Ausnahme des Geländes zwischen Hörster- und Korduanenstraße heute alle überbaut sind. Am Domplatz waren die Großbauten von Regierungsgebäude und damaligem Landesmuseum bereits abgeschlossen.

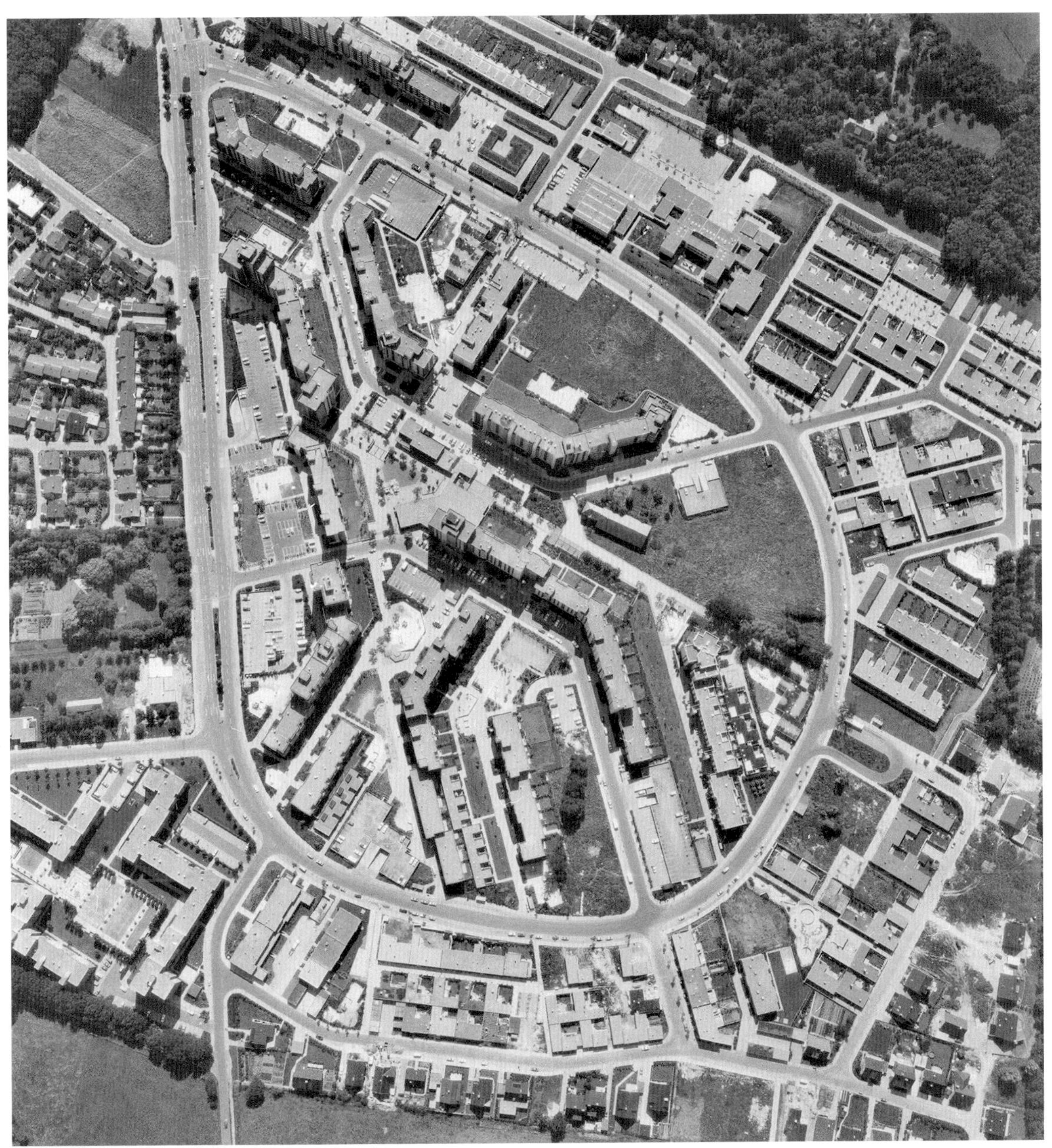

Um die zunehmende Bevölkerung mit Wohnraum versorgen zu können, plante die Stadt Münster ganz neue Stadtteile. Nach der Aaseestadt und Coerde entstand zwischen 1972 und 1978 weitgehend im Rahmen des sozialen Wohnungsbaus die Großsiedlung Brüningheide in dichter Bauweise mit bis zu zwölfgeschossigen Hochhäusern. Die Aufnahme hält den Stand der Bebauung etwa in der Mitte der 1970er Jahre fest. Statt ursprünglich geplanter Grünanlagen wurden meist Parkflächen für Autos gebaut.

1965–1969

Auf den ersten Blick fällt die Lokalisierung dieser aus der Mitte der 1960er Jahre stammenden Aufnahme schwer, obwohl sie im Zentrum der münsterischen Innenstadt entstanden ist. Die Gebäude links im Bild liegen am Geisbergweg und haben sich bis heute erhalten. Bei dem großen Gebäude handelt es sich um die Rückseite des ehemaligen Evangelischen Konsistoriums am Domplatz, das kurze Zeit später für den Neubau der Bezirksregierung abgerissen wurde. Nach erheblichen Kriegsschäden war es nach 1945 zunächst vollständig wiederaufgebaut worden.

Es ist zwar nur gut zehn Jahre her, dass dieser Neubau wieder abgerissen wurde, aber letztlich macht erst die Umgebung die Lokalisierung dieses Fotos aus der Mitte der 1960er Jahre möglich: Es handelt sich um das Büro- und Geschäftshaus an der Königsstraße 51/53. Für kurze Zeit war hier im Erdgeschoss eine Abteilung der Commerzbank untergebracht, später für Jahrzehnte die Musikalienhandlung Brüggenthies und darüber das Tiefbauamt der Stadt Münster. Nach dem Abriss im Jahr 2006 entstand hier der große Neubau mit dem Namen Kettelerscher Hof.

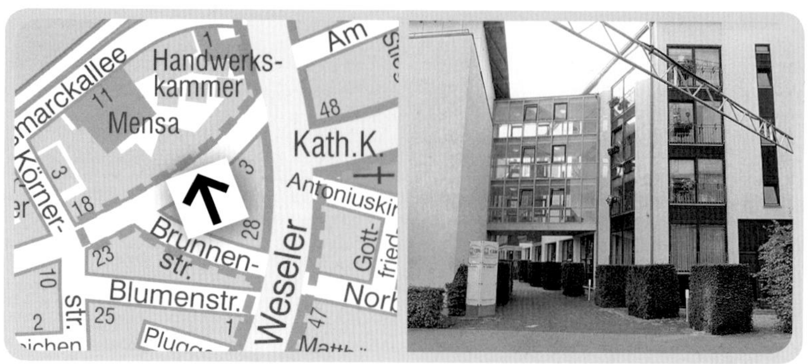

Mitte der 1960er Jahre entstand neben dem Klarissenkloster an der Scharnhorststraße dieser Neubau des Altenwohnheims St. Lamberti. Rechts hatte zuvor ein Gebäude gestanden, das für den Neubau abgerissen worden war. Der Abriss des linken Backsteinbaus folgte wenig später. 1997 wurde die Anlage modernisiert und erweitert. Anfang des 21. Jahrhunderts wurde das Klarissenkloster aufgelöst, und an seiner Stelle entstanden große Neubauten mit Wohnungen und Büros.

Nach dem Abriss des an der Ecke der Straßen Am Kreuztor und Rudolf-von-Langen-Straße gelegenen Hauses mit der Traditionsgaststätte Kreuzschänke in der Mitte der 1960er Jahre war dies für kurze Zeit der Blick von Süden auf die im Hintergrund zu sehende Kreuzkirche. In dieser Zeit kam es noch häufiger zu Abrissen von Altbauten aus dem späten 19. und frühen 20. Jahrhundert, die nicht dem damaligen Zeitgeschmack entsprachen und bis zu deren neuerlicher Wertschätzung noch einige Jahre vergingen. Auch im Kreuzviertel entstanden einige gesichtslose Appartementbauten anstelle von abgebrochenen Altbauten.

Zu den frühen Verwaltungsgebäuden im Bereich Kolde-Ring und Weseler Straße gehörte auch das der Siedlungsgesellschaft Rote Erde, die 1970 in der Landesentwicklungsgesellschaft NRW aufging. Das von dem münsterischen Architektenteam Max von Hausen und Ortwin Rave entworfene Gebäude wurde später von dem Landwirtschaftlichen Versicherungsverein Münster (LVM) übernommen und schließlich für den 2012 begonnenen Neubau des Hochhauses mit 17 Etagen abgerissen. Das Foto zeigt den an der Ecke von Kolde-Ring und Von-Stauffenberg-Straße gelegenen Bau kurz nach der Fertigstellung in der Mitte der 1960er Jahre.

Zwischen 1965 und 1971 wurde in Angelmodde, das damals noch nicht zum münsterischen Stadtgebiet gehörte, die sogenannte Waldsiedlung in drei Bauabschnitten errichtet. Zu den früh fertiggestellten Häusern gehörten diese eingeschossigen Reihenbungalows am Heinrich-von-Stephan-Ring. In der Siedlung sollte für insgesamt 4.000 Menschen Wohnraum entstehen. Am östlichen Rand der Siedlung wurden auch eine Schule und eine Sportanlage errichtet.

An der Osthuesheide in Angelmodde errichtete eine private Investmentgesellschaft Mitte der 1960er Jahre 216 Wohnungen für Angehörige der britischen Streitkräfte. Die drei- bis viergeschossigen Häuser wurden Anfang der 1980er Jahre in Eigentum umgewandelt. Die Siedlung entwickelte sich in der Folge zu einem sozialen und städtebaulichen Problemgebiet. Die Stadt Münster begann, aktiv in die Sanierung einzugreifen, indem vornehmlich eine Tochtergesellschaft der städtischen Wohn+Stadtbau GmbH den Instandsetzungsprozess in innovativer Vorgehensweise gestaltete und zu einem weithin beachteten Erfolg werden ließ.

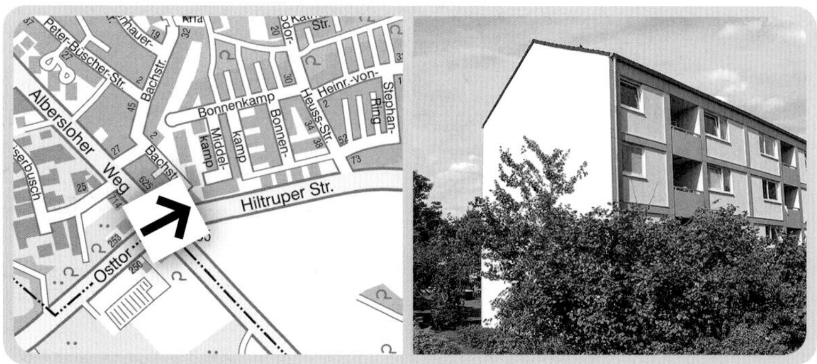

Das Foto zeigt den Blick Anfang 1965 vom damaligen Aegidiiparkplatz auf das im Bau befindliche Landesmuseum für Vor- und Frühgeschichte an der Rothenburg. Das Museum befindet sich seit 2003 in Herne und heißt heute LWL-Museum für Archäologie. Im Jahr 2009 erfolgte der Abriss für den zweiten Nachkriegsneubau des LWL-Museums für Kunst und Kultur, der 2014 eröffnet wurde. Der Aegidiiparkplatz war damals noch eine ebenerdige, große Parkfläche auf dem Gelände der im Zweiten Weltkrieg weitgehend zerstörten Aegidiikaserne.

Dieser Bereich der Hammer Straße an der Abzweigung des Düesbergwegs befand sich Anfang Februar des Jahres 1965 im Umbruch. Die flachen Wohnbauten rechts der Bildmitte wurden für die Verbreiterung der Straße abgerissen, dahinter standen bereits moderne Neubauten. Die zur Umgehungsstraße gelegenen Gebäude ganz rechts blieben hingegen bis heute erhalten, darunter auch zwei anderthalbgeschossige Häuser aus der Vorkriegszeit.

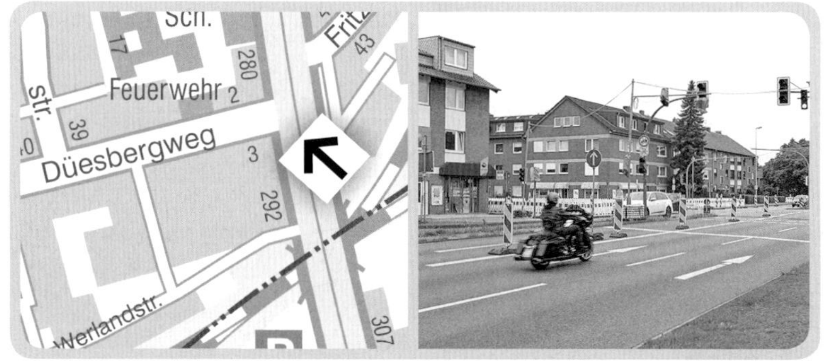

Anfang 1965 wurde das Arnold-Janssen-Kolleg am Horstmarer Landweg eingeweiht. Das von dem münsterischen Architektenteam Max von Hausen und Ortwin Rave entworfene Kolleg bestand aus sechs Gebäudeteilen. Das Kolleg wurde bis 1982 von den Steyler Missionaren für Studierende als Afro-Asiatisches Zentrum betrieben, danach wurde es vom Studentenwerk übernommen, bis es an einen Investor verkauft wurde. Das Foto zeigt den Blick vom Horstmarer Landweg auf das Ensemble. Im Hintergrund sieht man das sechsgeschossige Studentenwohnheim. Ganz rechts befindet sich die zum ursprünglichen Kolleg als Kirche gehörende Rundkapelle aus Sichtbeton, die im Gegensatz zu den übrigen Gebäuden vom Abriss im Jahr 2011 verschont blieb und der Gemeinschaft der Siebenten-Tags-Adventisten dient. Heute stehen auf dem übrigen Gelände drei Wohnblöcke mit Appartements für Studierende.

Obwohl alle auf dem Foto vom September 1965 zu erkennenden Bauwerke noch erhalten sind, wirkt der Blick ungewohnt. Im Vordergrund sieht man den im Bau befindlichen Vierungsturm der Dominikanerkirche, links Gebäude an der Julius-Voos-Gasse und dahinter parkende Autos an der Straße Asche. Die Restaurierung der im Zweiten Weltkrieg schwer beschädigten Dominikanerkirche begann Anfang der 1960er Jahre und dauerte bis 1974. Im Hintergrund sieht man die Nachkriegsbebauung der Mauritzstraße. Rechts der Bildmitte ragt der Altbau des Johann-Conrad-Schlaun-Gymnasiums empor.

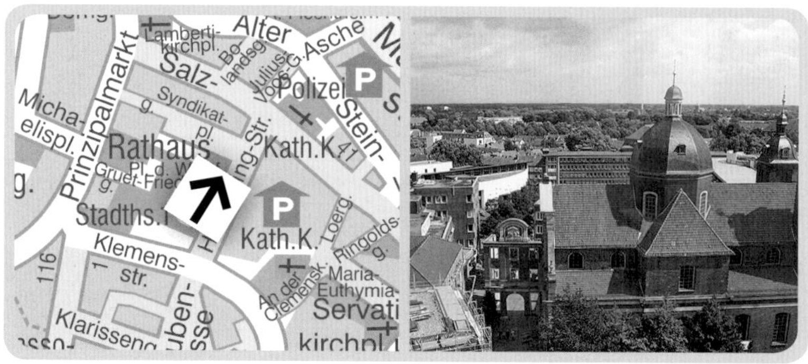

Die Aufnahme hält im Herbst 1965 den Stand der Bauarbeiten für die neue Mauritzschule an der Stiftsstraße fest. Der starke Bevölkerungsanstieg und die sogenannten kinderreichen Geburtenjahrgänge machten zahlreiche neue Schulbauten in dieser Zeit erforderlich. Links im Bild sieht man die rückseitige Bebauung der Warendorfer Straße, rechts der Bildmitte das Gebäude der alten Dechanei des Stifts St. Mauritz. Die alte Mauritzschule befand sich fast gegenüber auf der anderen Straßenseite, allerdings etwas zurückgelegen.

Am Ende des Jahres 1965 war dies der Blick von der Vorderseite des Hauptbahnhofs auf die gegenüberliegende Straßenseite. Noch immer klaffte am Berliner Platz eine große Baulücke, die den Blick in die dahinterliegende Achtermannstraße ermöglichte. Über Jahre hinweg befanden sich auf dem Trümmergrundstück bis zu drei Imbissstände. Bis zur neuerlichen Überbauung vergingen etwa weitere zehn Jahre.

Wenige Jahre nach diesem um 1966 aufgenommenen Foto wurde die Ecke der Straßen An der Apostelkirche und Neubrückenstraße mit dem neuen Pressehaus der Münsterschen Zeitung überbaut. Dabei wurde das bis heute erhaltene Gebäude rechts im Bild aufgestockt und dem Neubau angeglichen. Ganz rechts im Bild erkennt man den Beginn der Arbeiten für das Wohn- und Geschäftshaus, in dem sich seit Jahrzehnten auch ein Hotel befindet. Der linke Gebäudeteil, in dem sich damals noch die Zeitungsdruckerei befand, wurde vor wenigen Jahren in ein modernes Bürohaus umgebaut.

An der Straße Pötterhoek entstanden 1966 zwei konfessionelle Grundschulen in unmittelbarer Nachbarschaft und mit weitgehend identischem Aussehen. Sie dienten vor allem der schulischen Versorgung der Kinder in den Neubaugebieten rechts und links vom Schifffahrter Damm. Im Bild zu sehen ist die damals evangelische Pötterhoekschule, zurückversetzt lag die damalige katholische Don-Bosco-Schule, heute Erich-Kästner-Schule. Beide von dem Architekten Bernhard Tönnies aus Angelmodde entworfenen Schulen teilten sich eine Turnhalle.

Anfang des Jahres 1966 war der Ausbau der Grevener Straße noch in vollem Gang. Im Hintergrund erkennt man Gebäude der ehemaligen Dreizehner-Kaserne. Das dreigeschossige Haus in der Bildmitte wurde kurze Zeit später abgerissen, um Fahrrad- und Fußwege anlegen zu können. Auch die direkt an der Straße liegenden eingeschossigen Wohnhäuser im Hintergrund mussten der Verbreiterung weichen.

Das Hochhaus der Stadtverwaltung im Hintergrund macht deutlich, dass es sich bei dieser Ansicht um die Hammer Straße handelt. Zugleich zeigt die Aufnahme vom Januar 1966 aber auch die Gleichförmigkeit der Nachkriegsarchitektur, die ganze Straßenzüge in Münster wie in vielen anderen Städten der Bundesrepublik in einem wenig abwechslungsreichen Einheitsstil entstehen ließ. Der Neubau in der Bildmitte bot mit seiner durch Fenstervorsprünge gegliederten Fassade immerhin eine gewisse Variation. Nach dem Abriss der Gaststätte rechts entstand auch dort wenige Jahre später ein stereotyper Neubau.

Das im März 1966 eröffnete Stadtbad Süd war erst das zweite Hallenbad Münsters. Es lag an der Straße Inselbogen gegenüber der Grünfläche Grüner Grund. Neben einem 25 Meter langen Hauptbecken hatte das Schwimmbad noch ein Lehrschwimmbecken. Als Besonderheit besaß es für die warme Jahreszeit auch eine direkt zugängliche Liegewiese. 2007 wurde das in die Jahre gekommene Schwimmbad geschlossen und im Frühjahr 2008 abgerissen. Aktuell gibt es Überlegungen, an gleicher Stelle ein neues Hallenbad zu errichten.

Das Kloster vom Guten Hirten verfügte über ein ausgedehntes Areal zwischen dem Mauritz-Lindenweg, dem Kanal und der nach dem Kloster benannten Straße Zum Guten Hirten. Die alte Kirche der in der Mitte des 19. Jahrhunderts nach Münster gekommenen Ordensschwestern war im Zweiten Weltkrieg schwer beschädigt worden und wurde später bis auf einen kleinen Teil abgetragen. Das Ende März 1966 aufgenommene Foto zeigt den Rohbau der neuen Kirche mit geschwungener Dachform. Nach dem Abriss der Kirche wurden in der ersten Hälfte der 1990er Jahre auf dem Gelände Wohngebäude errichtet.

Der östliche Teil des Südviertels war im Zweiten Weltkrieg stark zerstört worden. Der Wiederaufbau zeigte dort eine besondere Mischung von Wohn- und Gewerbebebauung. Das Foto vom Frühjahr 1966 zeigt den Blick von der Graelstraße in die Junkerstraße. Im Hintergrund sieht man die Gebäude der Landmaschinengroßhandlung Anton Schultz an der Hafenstraße und davor die Autoreifen- und Autozubehörhandlung Edith Bronk. An der linken Seite entsteht gerade ein neues Haus mit Gewerbebetrieb und Wohnungen. Es ist neben den kaum sichtbaren Wohnhäusern ganz rechts das einzige auf diesem Foto, das heute noch besteht.

Kaum wiederzuerkennen ist das Gelände der Halle Münsterland auf dieser Aufnahme vom Mai 1966. Der Blick ist vom Albersloher Weg auf das Hallengelände gerichtet. Ganz rechts befinden sich die Kassenhäuschen. Hinter der Absperrung schließen sich links die temporären Ausstellungspavillons für die damals stattfindende Nordrhein-Westfälische Landesausstellung an. Daneben liegt die große, nach dem Krieg wiederaufgebaute Halle Münsterland mit ihrer markanten Dachform. Das gesamte Gelände wurde seitdem mehrfach umgebaut. Aber auch im neuen Messe und Congress Centrum Halle Münsterland bildet die alte Halle das Herzstück der ganzen Anlage.

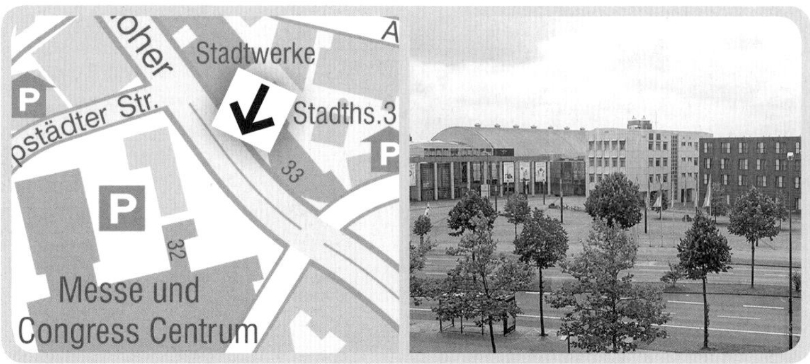

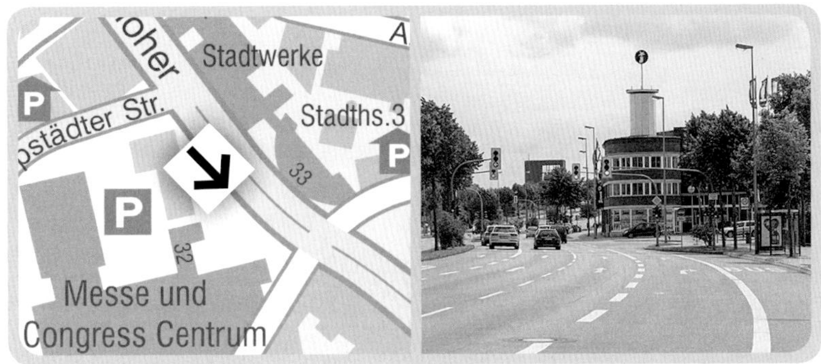

Ebenfalls im Mai 1966 entstand dieses Foto vom Albersloher Weg in Richtung Kanalbrücke. Während sich der aus den 1920er Jahren stammende Bau des Autohauses Kiffe bis heute erhalten hat, sind alle auf der linken Straßenseite zu sehenden Gebäude verschwunden. Dort befand sich neben dem Autohaus Beresa das Fabrikgelände der Kaffeerösterei Vox. Nach dem Abriss in der zweiten Hälfte der 1990er Jahre liegen heute an gleicher Stelle das Stadthaus 3 und Brachflächen.

Im Juni 1966 konnte das letzte von ehemals zwölf Lagern für heimatlose Ausländer nach dem Zweiten Weltkrieg geschlossen werden. Die noch verbliebenen Menschen wurden in diesen städtischen Häusern am neu angelegten Rigaweg untergebracht. Ganz links erkennt man im Hintergrund eines der Hochhäuser für Studierende an der Steinfurter Straße. Rechts außen sieht man eine Häuserzeile an der Steinfurter Straße und die Dächer der ehemaligen Kaserne. Die Fassade des Neubaus ist wegen eines vor wenigen Jahren erfolgten Umbaus kaum wiederzuerkennen.

Erst nach dem Abriss der Ruine der alten Margarethenkapelle an der Pferdegasse im Sommer 1966 konnte mit dem Neubau des Landesmuseums für Kunst und Kulturgeschichte – heute LWL-Museum für Kunst und Kultur – begonnen werden. Finanzrestriktionen des Landes Nordrhein-Westfalen hatten zu einer Verzögerung geführt. Letztlich bewirkten sie aber wohl auch den Erhalt des Altbaus am Domplatz, dessen Abriss in früheren Planungen noch vorgesehen war. Dieser Neubau wurde 2009 für den zweiten Nachkriegsbau des Museums abgerissen.

Die Aufnahme vom Herbst 1966 zeigt den Beginn der Steinfurter Straße mit der Tankstelle an der Abzweigung der Wilhelmstraße. Da die Tankstelle in den folgenden Jahrzehnten stark erweitert wurde, wirkt die damalige Ansicht im Vergleich zu heute doch sehr unterschiedlich. Das Wohnhaus in der Bildmitte sieht allerdings noch genauso aus wie früher. Vollständig verändert hat sich allerdings der sichtbare Abschnitt der rechten Straßenseite.

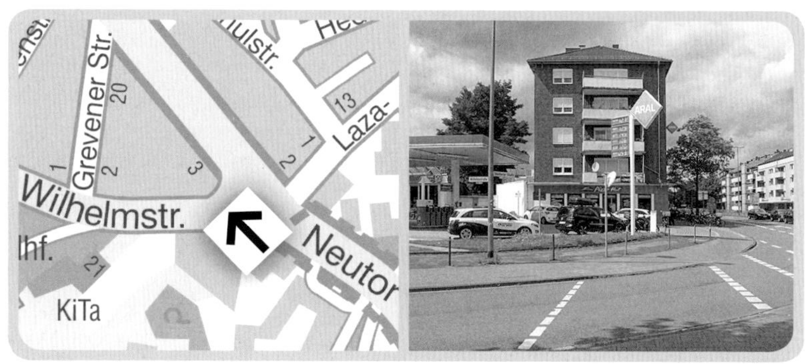

Es gab aber auch Bereiche, in denen das neue Münster im Herbst 1966 zumindest äußerlich kaum wahrzunehmen war. Hierzu gehörte die Ecke von Ostmark- und Dieckstraße. In dem um 1900 entstandenen Eckhaus befand sich seit Jahrzehnten eine Gaststätte. Auch im weiteren Verlauf der Ostmarkstraße hat sich eine Reihe von Altbauten bis heute erhalten.

Von der äußeren Erscheinung her könnte es sich um eines der am wenigsten bekannten Schulgebäude in Münster handeln. Die damalige Städtische Gewerbliche Berufsschule für Jungen – heute Hans-Böckler-Berufskolleg – liegt nämlich ganz am Ende der Hoffschultestraße fast unmittelbar am Kanal zwischen der Manfred-von-Richthofen- und der Wolbecker Straße. Das Foto vom Oktober 1966 hält den Zustand kurz nach der Fertigstellung der Schule fest. Im Vergleich zur Entstehungszeit weist die Schule heute noch ein fünftes Geschoss auf. Das Gebäude stammt von dem münsterischen Architekten Hans-Walter Rüschenschmidt, der auch den Mitte der 1950er Jahre vollendeten sogenannten Kiffe-Pavillon am Alten Steinweg entworfen hatte.

Die wenigsten Münsteranerinnen und Münsteraner würden wohl spontan sagen können, wo dieses Foto vom Herbst 1966 aufgenommen wurde, obwohl sich an den Hausfassaden seither kaum etwas geändert hat. Der Fotograf stand an der Straße Bült und blickte auf die Hausnummer 4, in der damals die Einrichtungsfirma Krukenkamp ansässig war. In dem Flachbau rechts befand sich schon damals die Atelier-Bar.

Im Oktober 1966 wurde am neuen Aaseemarkt noch letzte Hand angelegt. Allerdings fragt man sich bei genauerer Betrachtung der dunklen Fassade, ob hier schon erste Bauschäden zu sehen sind. Aufgrund des erhöhten Standorts könnte die Aufnahme von der im Dezember 1965 geweihten Kirche St. Stephanus aus aufgenommen worden sein. Die offizielle Eröffnung des Aaseemarkts fand im April 1967 statt und setzte einen ersten Schlusspunkt unter den Ausbau dieses neuen münsterischen Stadtteils.

Auch diese Aufnahme dürfte von der Kirche St. Stephanus aus aufgenommen worden sein. Man blickt über die noch frischen Rasenflächen ohne jeden Baum und die Häuserzeilen an der Von-Witzleben-Straße in Richtung Nordosten. Dahinter erkennt man das Wohnhochhaus des Deutschen Roten Kreuzes an der Dunantstraße und rechts in etwas weiterer Entfernung die neuen Bürohäuser der Siedlungsgesellschaft Rote Erde und der LVM Versicherung am Kolde-Ring.

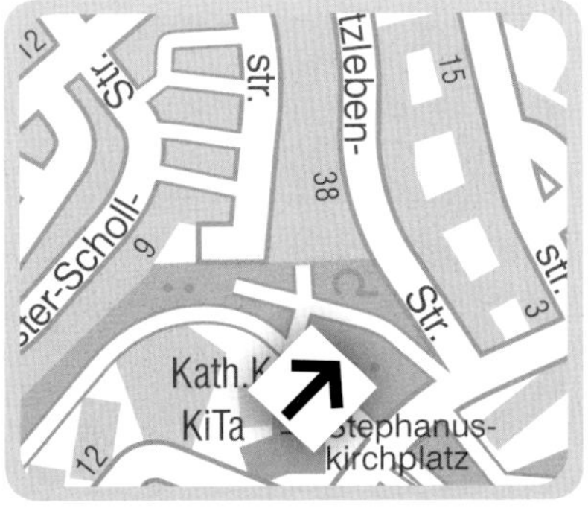

Diese Aufnahme entstand aus dem südlichen der drei Wohnhochhäuser am Aasee. Der Blick führt über den Aaseemarkt und die Goerdelerstraße in Richtung Süden. In dem mehrgeschossigen Rechteckbau befinden sich Eigentumswohnungen. Im Hintergrund erkennt man um die Kirche herum und an der Von-Stauffenberg-Straße Grünflächen, die sich bis heute erhalten haben.

Auf den ersten Blick dürften nur einige ältere Münsteranerinnen und Münsteraner in der Lage sein, diese Aufnahme aus dem Spätherbst 1966 zu lokalisieren. Im Gegensatz zu vielen anderen Städten befand sich in Münster das Globe-Kino für die Soldaten der britischen Rheinarmee und ihre Angehörigen nicht auf einem Kasernengelände, sondern am Beginn der Wolbecker Straße mitten in der Stadt. Das britische Kino bestand an dieser Stelle bis zum Abriss im Jahr 1978, danach lag es auf dem Gelände der York-Barracks in Gremmendorf. Das Kürzel AKC stand für Army Kinema Corporation.

Das Foto aus der Adventszeit des Jahres 1966 gibt den Blick in die Ludgeristraße in Richtung Prinzipalmarkt wieder. Der Vergleich zeigt in nahezu jeder Beziehung den Wandel zu heute: Kaum eines der links zu erkennenden Geschäfte existiert noch, und auch sämtliche Gebäude wurden für den Neubau der Münster-Arkaden abgerissen. Straße und Bürgersteige machen deutlich, dass die 1969 erfolgte Umwandlung in eine reine Fußgängerzone noch bevorstand.

Am Ende des Jahres 1966 begann der Abriss des alten preußischen Kasernenkomplexes an der Ecke von Grevener Straße und York-Ring. Das Foto zeigt den Bereich am Ring, auf dem sich heute die Feuerwache 1 der münsterischen Berufsfeuerwehr befindet. Wichtig für die Standortwahl war der Ausbau der Ringstraße, die noch bis in die frühen 1960er Jahre mit dem Friesenring an der Grevener Straße endete.

Mit schwerem Gerät wurde Ende 1966 an der neuen Brücke über die Aa an der heutigen Rjasanstraße gearbeitet. Rechts im Bild ist das Ende der langen zusammenhängenden Wohnzeile zu sehen, die bis zur Maximilianstraße reicht. Die Leitungen machen deutlich, dass zu diesem Zeitpunkt noch die Oberleitungsbusse im Einsatz waren. Unten links wird deutlich, dass die Aa an dieser Stelle damals noch in einem engen Betonbett geführt wurde.

Seit den Zerstörungen im Zweiten Weltkrieg ist der Bremer Platz bereits mehrfach umgestaltet worden. Auf dem Trümmergrundstück wurde 1961 ein großer Busbahnhof errichtet. Die Attraktivität des Geländes hielt sich – wie dieses Foto vom Ende des Jahres 1966 zeigt – in Grenzen. Anfang der 1990er Jahre wurde der Platz in eine Grünfläche mit Kinderspielplatz umgewandelt. Mit der geplanten neuen Nutzung der zum Bahnhof gerichteten Seite soll in naher Zukunft auch die Parkanlage ein neues Gesicht erhalten.

Mit diesem Hochhaus am Kolde-Ring wurde 1967 der Anfang für den Ausbau der Verwaltungsgebäude der LVM Versicherung gemacht, der bis heute andauert. Auch an der Weseler Straße waren die ersten großen Bürogebäude erst kurz zuvor errichtet worden. 1999 wurde das LVM-Hochhaus um fünf Etagen aufgestockt und saniert und rechts um ein Punkthochhaus erweitert. Der Vergleich mit der heutigen Ansicht lässt hinter der neuen Doppelfassade kaum noch den Altbau vermuten.

Auch über zwanzig Jahre nach Ende des Zweiten Weltkriegs gab es immer noch Häuser, die nicht vollständig wiederaufgebaut waren. Dazu gehörte etwa das Haus am Spiekerhof 27, in dem jahrzehntelang die Haus- und Küchengerätehandlung Gebrüder Krawinkel untergebracht war. Das Foto hält den Wiederaufbau im Jahr 1967 mit einer modernen rasterförmigen Variante eines münsterischen Giebelhauses fest.

Anfang 1967 begannen an der Königsstraße nach dem Abriss des bisherigen Behelfsbaus auf einem ehemaligen Trümmergrundstück die Bauarbeiten für das neue Wohn- und Geschäftshaus neben der traditionsreichen Gaststätte Gambrinus. Im Erdgeschoss entstanden neue Räumlichkeiten für das Bettengeschäft Holthaus. Der Verkauf ging während der Bauzeit in einem rechts daneben liegenden Gebäude weiter. Auch dieses und ein weiteres Haus wurden dann abgerissen und Anfang der 1970er Jahre durch einen Neubau ersetzt.

An der Ecke von Bohlweg und Piusallee war dieser Neubau mit Eigentumswohnungen im Frühjahr 1967 nahezu fertiggestellt. Die deutlich sichtbaren Ausblühungen am Ziegelmauerwerk werden die neuen Bewohner wohl nicht erfreut haben. Am Bohlweg lag dahinter die Gärtnerei Schäper mit großen Betriebsflächen auf der Rückseite. Dieses Gebiet zwischen Piusallee und der Straße Auf der Horst wurde in den 1970er und 1980er Jahren vor allem mit großen Bauten der Kassenärztlichen Vereinigung Westfalen-Lippe und der Zahnärztekammer Westfalen-Lippe überbaut.

Das Foto aus dem Jahr 1967 zeigt das dritte und zuletzt fertiggestellte Punkthochhaus mit 13 Geschossen in Coerde. Man blickt über die Königsberger Straße in Richtung auf das kurz zuvor fertiggestellte Einkaufszentrum am Hamannplatz. Bauherr war die Hamburg-Mannheimer Versicherungsgesellschaft, die mit rund 700 Wohnungen östlich der Schneidemühler Straße fast ein Drittel aller damaligen Wohneinheiten in diesem neuen Stadtteil errichtete.

Im Frühjahr 1967 war Hiltrup noch eine selbständige Gemeinde im Süden Münsters. Das Zentrum lag an der Marktallee, deren Gesicht von einer sehr unterschiedlichen Architektur geprägt war. Neben alten anderthalbgeschossigen kleinen Wohnhäusern stehen hohe mehrgeschossige Neubauten. Letztlich war dieses Straßenbild bereits seit der Zeit um 1900 typisch, als an der Straße die ersten größeren neuen Wohn- und Geschäftsbauten errichtet wurden.

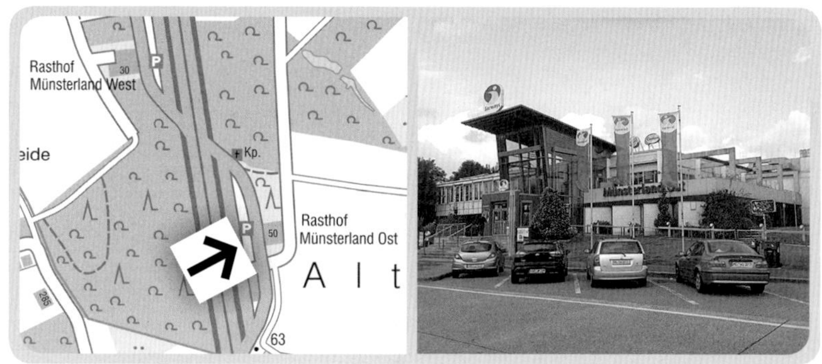

So sah die Raststätte Münsterland-Ost kurz vor der Fertigstellung des letzten Teilstücks der Autobahn vom Ruhrgebiet zu den Hansestädten im Norden im Jahr 1968 aus. Allerdings ist die ursprüngliche Architektur im Vergleich zu heute kaum noch wiedererkennbar. Erstaunlicherweise hat sich aber die Gesamtfläche der Rastanlage trotz des stark gestiegenen Verkehrsaufkommens seit der Inbetriebnahme nicht vergrößert.

Am Samstag, dem 30. November 1968, begann die bis zum nächsten Tag andauernde Sprengung der Westfalia-Brauerei an der Geiststraße. Sie war seit 1881 an dieser Stelle ansässig, diente aber bereits seit einigen Jahren nur noch als Bier-Verlag der Dortmunder Ritter-Brauerei. Auf dem rund 10.000 Quadratmeter großen Grundstück entstanden kurz darauf ein Gebäude der Landeszentralbank und ein Komplex mit knapp einhundert Wohnungen.

Dieses achtgeschossige Wohnhaus mit insgesamt vierzig Eigentumswohnungen entstand Ende der 1960er Jahre am Hohen Heckenweg nach der Abzweigung der Telemannstraße. Links im Hintergrund erkennt man die bereits fertiggestellte kleine Siedlung aus zweigeschossigen Flachdachbauten. Das Hochhaus wirkt wegen seiner Massigkeit letztlich bis heute an dieser Stelle wie ein Fremdkörper.

Das markante Gebäude links der Bildmitte macht deutlich, dass sich die Gruppe jugendlicher Fahrradfahrer auf der Scharnhorststraße in Richtung Weseler Straße befindet. Die Situation am Ende der 1960er Jahre ist jedoch im Vergleich zu heute vollkommen anders. Das eingeschossige Gebäude rechts im Vordergrund wurde Mitte der 1970er Jahre durch einen Neubau mit vier Etagen ersetzt. Das Haus dahinter hat links vom Treppenhaus eine neue Fensterachse erhalten. Das Gelände an der Ecke zur Brunnenstraße wurde Anfang der 1990er Jahre großflächig neu bebaut.

Seit dem Ende der 1960er Jahre kannten alle Wehrpflichtigen aus Münster und Umgebung dieses Gebäude. Es handelt sich um den damaligen Neubau des Kreiswehrersatzamts an der Nieberdingstraße, in dem die Musterungen für die Bundeswehr erfolgten. Hier wurden aber auch die Anträge auf Anerkennung als Wehrdienstverweigerer geprüft. Mit der Abschaffung der Wehrpflicht im Jahr 2011 verloren die Kreiswehrersatzämter ihre eigentliche Aufgabe. Heute befindet sich in dem Gebäude der regionale Standort des Karrierecenters der Bundeswehr.

Die Aufnahme vom Ende der 1960er Jahre zeigt den Industrieweg kurz vor seiner Einmündung in die Lippstädter Straße. Links der Bildmitte sieht man die alten Gebäude der Kiesekampschen Mühle, wo sich heute das Großkino mit Parkhaus befindet. Zwischen dem Altbau der Stadtwerke mit dem hohen Schornstein links und dem Turm der Herz-Jesu-Kirche rechts liegt das gerade vollendete neue Verwaltungsgebäude der Stadtwerke. Es wurde später in den heutigen, ungleich größeren Neubau integriert.

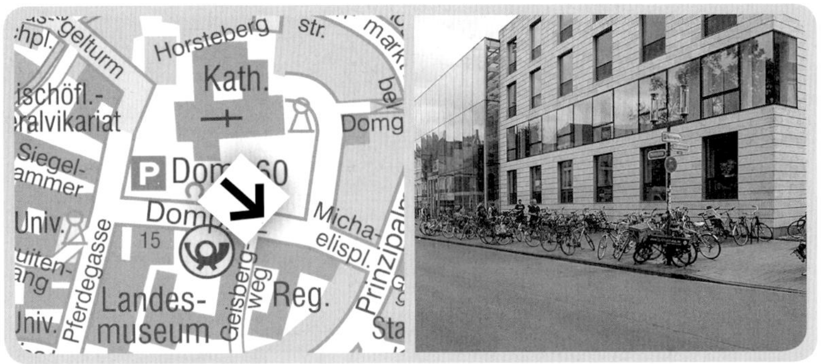

Mit dem Neubau der Bezirksregierung am Domplatz konnten sich viele Münsteranerinnen und Münsteraner nicht wirklich anfreunden und trauerten dem im Krieg nicht zerstörten Altbau nach. Viele fanden, dass sich das neue Gebäude nicht in die Umgebung einfüge, was nach der vollständigen Anbringung der Fassadenverkleidung in gräulicher Zementfarbe statt des ursprünglich angekündigten Sandsteins noch verstärkt wurde. Das Gebäude konnte erst 1971 bezogen werden. Die Aufnahme stammt vom Ende der 1960er Jahre.

Seit der Mitte der 1950er Jahre war dies für fast ein halbes Jahrhundert der Blick von der Mauritzstraße auf das Gelände um den ehemaligen Kiffe-Pavillon und den Alten Steinweg. Die Bauarbeiten im Vordergrund gelten der neuen Turnhalle des Johann-Conrad-Schlaun-Gymnasiums am Ende der 1960er Jahre. Neben dem Pavillon befanden sich ein Gebrauchtwagenmarkt der Firma Kiffe und anschließend die damaligen Gebäude der Installationsgroßhandlung Jos. Waltermann. Nach dem Abriss der deutlich in die Jahre gekommenen Gebäude entstand dort bis 2009 das neue Park- und Geschäftshaus.

In diesen Bereich des münsterischen Stadthafens verirrten sich Ende der 1960er Jahre nur die wenigsten Einheimischen. Das Foto hält den Blick von der Straße Am Mittelhafen auf das Kopfende des Hafenbeckens fest. Links verläuft das alte Transportband der Kiesekampschen Mühle, dahinter sind im Vergleich zu heute nur einige wenige Gebäude neben den großen Speichern im Hintergrund wiederzuerkennen. Rechts sieht man am Bildrand den fünfgeschossigen Getreidespeicher der Firma Flechtheim, dahinter den weitaus höheren der Firma Rhenus. 2013 begann durch die Stadtwerke als Eigentümer der Umbau der Speicher, in denen sich heute das Wolfgang-Borchert-Theater und Büros befinden.

Harald Deilmann war damals ein vielbeschäftigter Architekt in Münster. Er entwarf auch die zwischen 1968 und 1970 erbaute Kirche St. Michael in Gievenbeck. In den Jahren zuvor war dieser Stadtteil stark angewachsen, und ein weiterer Ausbau vor allem mit Studierendenwohnheimen stand unmittelbar bevor. Das Foto zeigt den Blick von der Von-Esmarch-Straße in Richtung Kirche mit dem Fachwerkhaus des Landwirts Rösmann in dem Zwickel von Rüschhaus- und Enschedeweg. Es wurde 1973 für den Bau des heutigen kleinen Geschäftszentrums abgerissen.

Das einzige Gebäude, mit dessen Hilfe sich diese Aufnahme vom Ende der 1960er Jahre lokalisieren lässt und das sich bis heute erhalten hat, ist ganz rechts im Hintergrund zu sehen. Es steht an der Kreuzung der Warendorfer Straße mit dem Kaiser-Wilhelm-Ring. Das im Abriss befindliche Haus lag am Hohenzollernring und grenzte links an den Mauritzsteinpfad. Dort entstand in der Folge eine große Anlage mit Eigentumswohnungen.

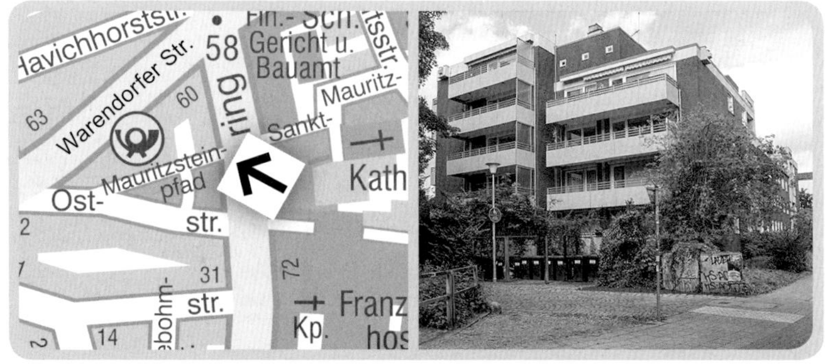

An der Ecke von Bonhoefferstraße und Weseler Straße entstand 1969 dieses Möbelgroßkaufhaus – kurz Mögroka – der Firma Rincklake van Endert direkt im Anschluss an ihr Betriebsgelände. Sämtliche Gebäude wurden abgerissen, um dem 1997–2001 errichteten großflächigen Neubau des Hauptgebäudes der Sparkasse Münsterland Ost Platz zu machen.

Die Aufnahme vom Januar 1969 zeigt das neue Bürogebäude an der Ecke von Kaiser-Wilhelm-Ring und Burchardstraße. Das Grundstück war trotz der zumindest für heutige Verhältnisse zentralen Lage zuvor noch nicht bebaut gewesen. Der rechts anschließende und zur Erphostraße gerichtete Altbau aus den 1930er Jahren wurde in den späten 1970er Jahren abgerissen und durch ein modernes Verwaltungsgebäude ersetzt.

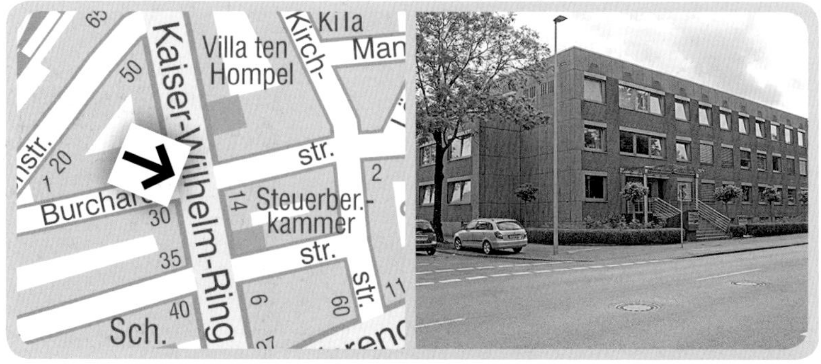

Bereits in der zweiten Hälfte der 1960er Jahre begann der Ausbau Gievenbecks im Bereich der heutigen Hensenstraße. Gegenüber dem ehemaligen Reichsarbeitsdienstlager Toppheide, das nach dem Zweiten Weltkrieg bis in die frühen 1970er Jahre als Notunterkunft weitergenutzt wurde, entstanden Anfang 1969 diese neuen Gebäude in einer Mischung von sozialem Wohnungsbau und Eigentumswohnungen sowie als Kapitalanlage in Form ganzer Wohnblöcke. Rechts der neu angelegten Straße sind vier- bis sechsgeschossige symmetrische Blöcke und im Hintergrund abgestufte Wohnanlagen mit einer Höhe von bis zu neun Geschossen zu sehen. Gegenüber liegen heute die Wartburg-Grundschule, die Freie evangelische Gemeinde, die Kita Am Gievenbach und die neue Toppheidesiedlung.

Im Februar 1969 war dies der kaum wiederzuerkennende Anblick der Pferdegasse mit dem damaligen Neubau des LWL-Museums für Kunst und Kultur. Das Schild Jesuitengang an der Landsbergschen Kurie verdeutlicht den Standpunkt des Fotografen seitlich vor dem Fürstenberghaus. Bis zur feierlichen Eröffnung des Museums im Mai 1974 vergingen allerdings noch einige Jahre.

So sah die Oberfinanzdirektion an der Andreas-Hofer-Straße Anfang 1969 aus. Zehn Geschosse hoch und 150 Meter lang sprengte dieser Bau des Düsseldorfer Architekturbüros Helmut Hentrich, Hubert Petschnigg und Partner sicherlich jede Dimension im Hinblick auf eine glückliche Einbettung in die Umgebung. Es war aber die Belastung mit krebserregenden Stoffen, die zum Abriss des Gebäudes in den Jahren 2016/2017 führten. Dort soll die zweite städtische Gesamtschule entstehen.

Bereits im Sommer 1969 waren die Ausschachtungsarbeiten für den ersten Bauabschnitt des Neubaus der Westdeutschen Landesbank weit vorangeschritten. Dafür war zuvor ein Teil des alten Zoogeländes freigeräumt worden. Das Foto hält den Blick in Richtung Promenade fest. Für den Bau wurden, wie es in einer Veröffentlichung des münsterischen Stadtplanungsamts später hieß, „die städtebaulichen Vorgaben, Großverwaltungen nur noch an der Peripherie anzusiedeln und Grünzonen in der Stadt von der Bebauung auszuschließen, aufgegeben." Der Entwurf für den Neubau stammt von dem münsterischen Architekten Harald Deilmann.

Das während des Zweiten Weltkriegs zerstörte Verwaltungsgebäude der Stadtwerke am Albersloher Weg war in den frühen 1950er Jahren wiederaufgebaut worden. An der Stelle des heutigen Hafenplatzes lagen damals noch Gebäude der Samengroßhandlung Bruno Nebelung. Rechts am Rand der Aufnahme von 1969 befindet sich das kurz zuvor fertiggestellte neue Verwaltungsgebäude der Stadtwerke.

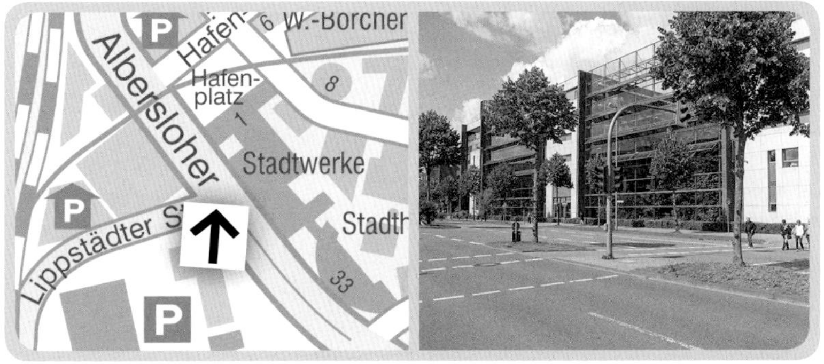

Auf dem ehemaligen Kasernengelände zwischen Dahlweg und Südstraße hatten sich zahlreiche Gewerbebetriebe niedergelassen. Das Foto vom Frühherbst 1969 mit der Josephskirche im Hintergrund zeigt, dass man mit der Räumung des Geländes begonnen hatte. Hier hatte sich zuvor das Kraftwagenbetriebswerk der Deutschen Bundesbahn befunden. Das gesamte Gelände sollte in eine große Grünfläche umgewandelt werden. Bis zur Einweihung des Südparks dauerte es allerdings noch bis 1977.

Auf einem kurz zuvor noch landwirtschaftlich genutzten Feld entstand im Jahr 1969 dieses neue Wohngebiet am Thomas-Morus-Weg. Bauherr war der Wohnungsverein von 1893 Münster eG. Vorne sieht man die letzten Wohnhäuser an der Piusallee und dahinter die Bahnlinie nach Rheine, im Hintergrund die Anfang der 1960er Jahre errichteten Wohnhäuser an der Stettiner Straße. Der Kindergarten auf der anderen Seite des Thomas-Morus-Wegs war bereits seit Oktober 1964 fertiggestellt, die neue Schule und die Kirche folgten einige Jahre später.

Das in den frühen 1960er Jahren bezogene Verwaltungsgebäude des Westfälischen Sparkassen- und Giroverbands an der Piusallee wurde am Ende des Jahrzehnts noch einmal erweitert. Dafür musste zuvor ein Altbau an der Stolbergstraße abgerissen werden. Da aber der Standort auf Dauer keine Erweiterung erlaubte, zog der Verband später an den Bröderichweg um. Seit 1984 befindet sich in dem Gebäude das Verwaltungsgericht Münster.

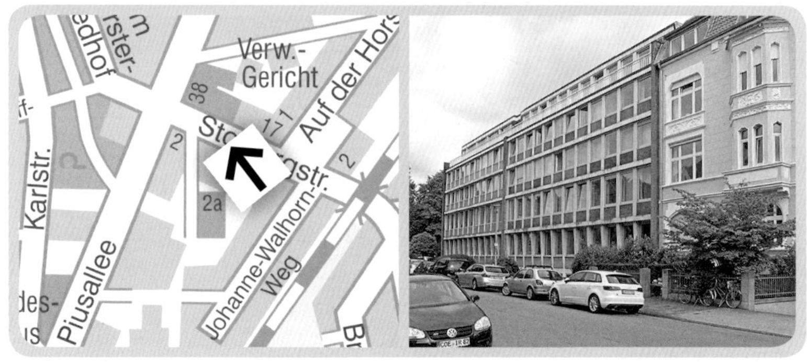

Dieses Foto hält Ende 1969 den Stand der Bauarbeiten für die neue Universitäts- und Landesbibliothek fest. Der Blick fällt im Hintergrund auf die Bebauung der Straße Krummer Timpen. Rechts oben sieht man die gebogene Straßenführung in Richtung Frauenstraße. Die 1967 begonnenen Bauarbeiten für die Bibliothek wurden 1973 fertiggestellt. Wegen der nahe gelegenen Aa weist der Bau eine Pfahlgründung auf und steht in einer Betonwanne. Der aufsteigende Bau wurde als Skelettbau aus Stahlstützen errichtet.

1970–1975

Am Beginn des Jahres 1970 war dieser Abschnitt des heutigen Alten Steinwegs nahezu durchgängig von Gaststätten geprägt. Den Anfang machte Lördemann an der Ecke zur Winkelstraße, dann folgten das Alte Gasthaus Leve und der Rheinische Hof. Dazu gehörte auch die in der Bildmitte zu sehende Kneipe Emils Pinte. Das Gebäude war nur im Erdgeschoss wiederaufgebaut. Wenige Jahre später war mit vier Geschossen die Verbindung zu den Nachbarhäusern hergestellt, und in den Geschäftsräumen befand sich das Versandhaus Quelle. Rechts am Bildrand erkennt man noch den Ausleger der Gaststätte Heulende Kurve.

Nicht mehr ganz auf der grünen Wiese, aber doch noch von viel freier Fläche umgeben war der Neubau der Pädagogischen Hochschule in der Fliednerstraße in Gievenbeck im Frühjahr 1970. In dem vielfach gegliederten Gebäude mit ineinander geschobenen Raumkörpern wurden seit der Einweihung im Jahr 1972 Lehrerinnen und Lehrer für die Primar- und Sekundarstufe I ausgebildet. Nach 1980 wurde die Pädagogische Hochschule in Münster in die Westfälische Wilhelms-Universität integriert.

Im Oktober 1969 war die Neugestaltung der Ludgeristraße als Fußgängerzone weitgehend abgeschlossen: Das Foto vom Frühjahr 1970 zeigt, dass die sogenannte Kleinmöblierung mit Fahrradständern, Sitzbänken, Papierkörben und Blumenkübeln noch fehlte. Die Aufnahme macht aber auch deutlich, dass es noch Lücken im Wiederaufbau gab. Kaum eines der damals an dieser Einkaufsstraße gelegenen Geschäfte besteht noch heute.

Der Turm der Kirche St. Margareta erleichtert die genaue Lokalisierung der Aufnahme. Das Foto vom Mai 1970 hält Ausbauarbeiten an der Wolbecker Straße vor der großen Liegenschaft mit Gebäuden der ehemaligen Deutschen Bundespost fest. Rechts wird die parallel zur Wolbecker Straße verlaufende Erschließungsstraße angelegt, die sich auch vor den Geschäftshäusern im Hintergrund fortsetzt. Das zur Straße hin giebelständige Haus rechts der Bildmitte wurde kurz darauf abgerissen.

Das Foto vom Frühsommer 1970 zeigt den Blick von der Ewaldistraße auf das Portal der Herz-Jesu-Kirche an der Wolbecker Straße. Rechts und links der schmalen Straße befindet sich die für die stadtnahen Gebiete typische Mischung von Altbauten aus der Zeit um 1900 und Neubauten aus der Nachkriegszeit. Links im Bild sieht man die Kindertagesstätte St. Agnes und dahinter einige giebelständige Altbauten sowie im Hintergrund einen Neubau mit Balkonen zur Straße. Rechts im Vordergrund sind zwei Altbauten zu erkennen, von denen der vordere allerdings mit Klinkerfassade und neuen Fensteröffnungen modernisiert wurde. Im Hintergrund sind noch zwei eineinhalbgeschossige alte Häuser zu sehen, an deren Stelle bis zum Beginn der 1980er Jahre neue Mehrfamilienhäuser errichtet wurden.

Anfang Juni 1970 wurde diese neue Sporthalle in der Presse etwas missverständlich als Ballonhalle vorgestellt. Sie sollte dem großen Mangel an Sporthallen abhelfen, der an den münsterischen Hochschulen bestand. Doch es stellte sich bald heraus, dass infolge von Hitze, Kälte und Sturm rund vierzig Prozent der Unterrichtsstunden in dieser Traglufthalle ausfielen. Ursprünglich als Übergangslösung gedacht, blieb die Sporthalle zwischen der Apffelstaedt- und der Correnssstraße dennoch bis in die frühen 1980er Jahre bestehen.

Erste Planungen für das Zentrum Nord begannen bereits in den frühen 1960er Jahren. Im Jahr 1968 wurde dann mit der Landesversicherungsanstalt die Bebauung begonnen. Damals stand das Gebäude allerdings noch allein auf weiter Flur, umgeben von Feldern und Kleingärten. Das Foto vom Juni 1970 hält den Stand der Arbeiten am Bürogroßbau fest. Der Einzug in das von einem Kölner Architekturbüro entworfene Gebäude erfolgte im Jahr 1973. In dem wegen seiner Form auch Rentenstern genannten Bürokomplex sollten rund 900 Arbeitsplätze entstehen.

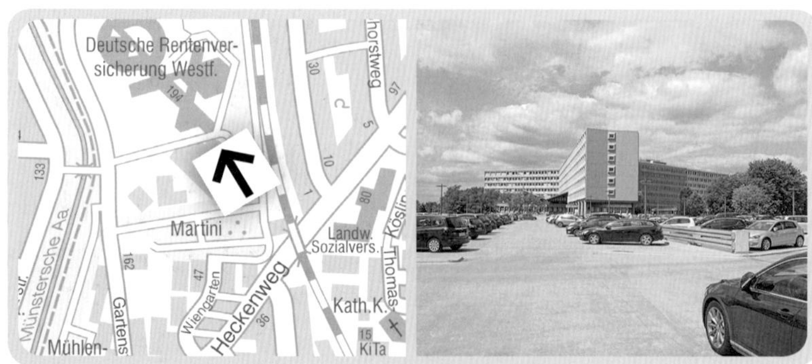

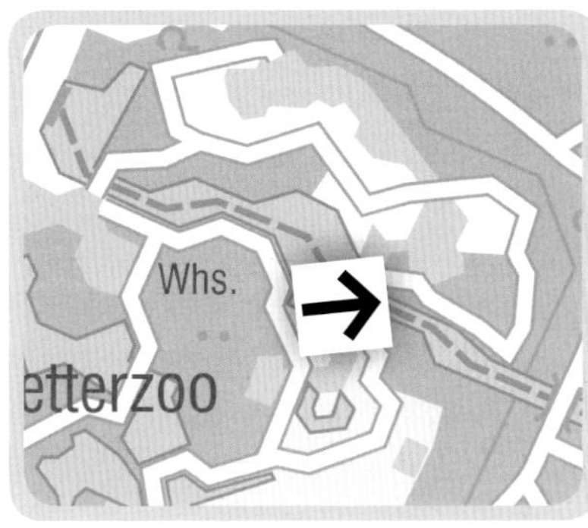

Im Jahr 1967 hatte der Rat der Stadt entschieden, den münsterischen Zoo auf die Sentruper Höhe zu verlagern. Die umfangreichen Bauarbeiten begannen im September 1969. Teil des von dem Architekten Harald Deilmann erarbeiteten Konzepts war es, den Zoo über den als Kanal geführten Gievenbach mit der geplanten Erweiterung des Aasees zu verbinden. Das Foto vom Juni 1970 zeigt die Spundwände für den Kanal. Im Hintergrund erkennt man die neuen Hochhäuser an der Goerdelerstraße und den Wasserturm.

Recht abgeschieden zwischen Aaseestadt und Mecklenbeck lag dieser Flachdachbau an der Mecklenbecker Straße, in dem im Juli 1970 ein Ingenieur- und ein Architekturbüro untergebracht waren. Zu diesem Zeitpunkt wurde in der Lokalpresse darüber berichtet, dass die Handwerkskammer Münster dort die Errichtung ihres Ausbildungszentrums plante. Mitte der 1970er Jahre begannen dann die Arbeiten, und innerhalb weniger Jahre veränderte sich das Gesicht der Mecklenbecker Straße vollständig.

Erst auf den zweiten Blick wird deutlich, dass dieses Foto vom Kaiser-Wilhelm-Ring aus in Richtung Warendorfer Straße aufgenommen wurde. Die Aufnahme vom Sommer 1970 hält den Abriss des Ausflugslokals und Kinos Gertrudenhof fest. Traurige Geschichte machte der alte Gertrudenhof in der Zeit des Nationalsozialismus, weil er nach seiner Beschlagnahmung durch die Gestapo als Sammelstelle für etwa 400 Jüdinnen und Juden diente. Sie wurden von hier aus im Dezember 1941 zum münsterischen Bahnhof gebracht und dann mit dem Zug ins Ghetto nach Riga deportiert. Nur wenige überlebten das Ende der nationalsozialistischen Diktatur.

Nachdem das DJK-Schwimmbad Coburg einer umfassenden Erneuerung unterzogen worden war, folgten 1970 die Sportstätten der DJK-Sportschule. Insgesamt wurde die bisherige Fläche nahezu verdoppelt. Das Foto hält die Bauarbeiten zwischen dem Schul- und Internatsgebäude links und dem an das Freibad angrenzenden Flachbau rechts fest. Im Hintergrund entsteht gerade das Fußballfeld mit Laufbahnen.

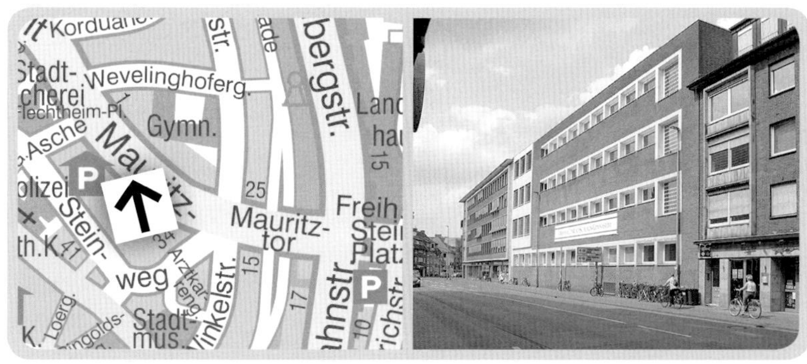

An der Bebauung der rechten Straßenseite hat sich zwar nur wenig geändert, dennoch erkennt man erst auf den zweiten Blick, dass es sich hier um eine Ansicht der Mauritzstraße handelt. Das im Bau befindliche Gebäude ist der Erweiterungstrakt des Johann-Conrad-Schlaun-Gymnasiums. In dem Neubau entstanden neben einer Turnhalle Unterrichtsräume für naturwissenschaftliche Fächer. Das Foto hält den Stand der Arbeiten im August 1970 fest.

Kein auf diesem Foto vom August 1970 zu erkennendes Gebäude steht heute noch: Die Bebauung musste dem vierspurigen Ausbau der Steinfurter Straße weichen. Gerade im hier zu sehenden Kreuzungsbereich zur Grevener Straße war der Platzbedarf für die Abbiegerspuren enorm. Ganze Häuserzeilen wurden abgerissen. Das Gelände jenseits der Kreuzung blieb jahrzehntelang ungenutzt, da das anschließende Gebäude an der Grevener Straße mehr als dreißig Jahre von Hausbesetzern in Beschlag genommen worden war, um es vor dem ebenfalls geplanten Abriss zu bewahren.

Von einem Trümmergrundstück zu einer eher wild genutzten Parkfläche bis zu einem großen Parkplatz entwickelte sich das Gebiet zwischen Tibusstraße, Breul, Neubrückenstraße und der Straße An der Apostelkirche. Der Parkplatz wie auch die zur Neubrückenstraße gerichtete Tankstelle wurden im Laufe der Zeit immer weiter ausgebaut. Das Foto hält den Blick von der Tankstelle in Richtung Hildegardisschule und Martinikirche im Spätsommer 1970 fest. In der Mitte der 1980er Jahre wurden auf dem Gelände zunächst ein unterirdisches Parkhaus und später darüber ein Seniorenstift errichtet.

Nach der Aaseestadt und Coerde folgten Berg Fidel und Kinderhaus als neu angelegte Stadtteile für tausende Bewohner. Neben den Wohnungen musste auch die entsprechende Infrastruktur geschaffen werden. Dazu gehörte auch die im Foto vom Frühherbst 1970 im Bau befindliche neue Grundschule in Berg Fidel, die bereits ein Jahr später in Dienst genommen wurde. Der schnell wachsende Stadtteil und die gemeinsame Nutzung von Räumen für Grundschule und Kindergarten machten Schichtunterricht und bereits 1974 einen Erweiterungsbau notwendig. Das Baustellenschild verwirrt allerdings ein wenig: Die mehrgeschossige Schule liegt hinter dem Privathaus an der Lechterstraße in der Bildmitte.

Kurz nach Kriegsende eröffnete die Reifenfirma Drüppel & Vohs ihren Betrieb an der Grevener Straße und feierte im Oktober 1970 ihr 25-jähriges Jubiläum. Das Wohn- und Bürohaus ganz links im Bild hat sich bis heute erhalten, während die an der Ecke zum Dorpatweg gelegene Werkstatt ein vollständig neues Aussehen erhalten hat. Nach der Jahrtausendwende begann in diesem Stadtgebiet mit dem Germania Campus ein Wandel zu einem neuen Lifestyle-Viertel mit umfangreichem Dienstleistungsangebot und neugeschaffenem Wohnraum.

Im Volksmund erhielt die neugeschaffene Platzsituation im Zentrum Gievenbecks zwischen Enschedeweg und Rüschhausweg wegen ihrer Form und des Namens des verantwortlichen städtischen Planers die Bezeichnung Thierseschinken. Mit der heutigen Situation hat dieses Foto vom Oktober 1970 allerdings nur noch wenig gemein: Lediglich die Gebäudezeile rechts, einige Wohnhäuser und die Straßensituation hat sich bis heute erhalten. Im Hintergrund erkennt man die neuen Wohnanlagen am Twenteweg und am Toppheideweg.

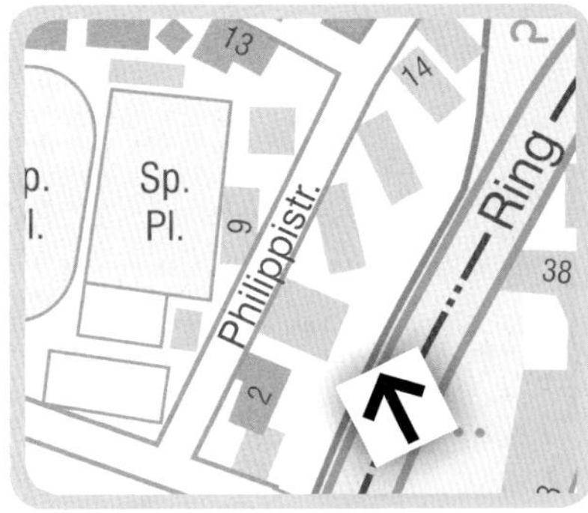

Der Mangel an Wohnraum in einer wachsenden Stadt ist in Münster ein beständiges Thema. Mit großen Gebäudekomplexen als Kapitalanlage beteiligte sich auch die Nordrheinische Ärzteversorgung an der Schaffung neuen Wohnraums. Diese vier sechsgeschossigen Wohnblöcke und ein insgesamt 15-stöckiges Hochhaus entstanden an der Philippistraße zwischen Orléans-Ring und Steinfurter Straße. Ende Oktober 1970 konnte für das zwölf Millionen DM teure Projekt mit 142 Wohnungen Richtfest gefeiert werden.

Auch wenn Hiltrup damals noch nicht zu Münster gehörte, wurde in den Lokalzeitungen über Bemerkenswertes in dem Ort berichtet: Am 1. November 1970 wurde die evangelische Kirche in Hiltrup geweiht. Besonderes Aufsehen erregte sie wegen ihres fehlenden Kirchturms. Stattdessen waren die Kirchenglocken in einer einfachen Betonkonstruktion aufgehängt. Zunächst war es der Gemeinde wichtiger, auch einen Kindergarten zu errichten. Erst im Jahr 2006 wurde dann ein richtiger Kirchturm gebaut. Die Christuskirche mit dem auffälligen Zeltdach wurde von den münsterischen Architekten Bernd Kösters und Herbert Balke entworfen.

Im Vergleich zu heute ist auf diesem Foto von Ende 1970 mit Ausnahme des großen Wohnhauses rechts im Hintergrund kaum etwas wiederzuerkennen. Lediglich eine Tankstelle befindet sich immer noch an gleicher Stelle an der Hammer Straße. Links am Bildrand ist an dem Gebäude das Firmenzeichen des Bauunternehmens Joh. Weinrich Nachf. zu erkennen. Das Gelände der Firma erstreckte sich über eine große Fläche bis zur Friedrich-Ebert-Straße und Scheibenstraße. Das Tankstellengelände wurde bereits in der Mitte der 1970er Jahre neu gestaltet. Die Überbauung des Geländes der Baufirma mit Wohn- und Geschäftshäusern begann Anfang der 1990er Jahre. Das markante Hochhaus entstand etwa zehn Jahre später.

Stolz wird auf dem Baustellenschild Ende 1970 verkündet: „Hier baut das Land Nordrhein-Westfalen 1010 Studienplätze als Sofortbauprogramm". Diese neuen Plätze wurden in dem dahinter liegenden Zweckbau geschaffen, der als Verfügungszentrum der Universität bezeichnet wird. Das im Baukastensystem aus Fertigteilen erstellte Gebäude an der heutigen Corrensstraße sollte den Instituten Räume zur Verfügung stellen, die den dringendsten Bedarf hatten. Heute sind in dem Bau die Geowissenschaften untergebracht.

Das Foto vom Beginn des Jahres 1971 zeigt den Hochbunker an der Ecke von Otto- und Lambertistraße, der als Schutzraum vor den Bombenangriffen während des Zweiten Weltkriegs errichtet worden war. Nach 1945 diente er noch einige Zeit als Notunterkunft vor allem für Flüchtlinge und Heimatvertriebene, später als Zivilschutzraum oder teilweise als Lager für städtische Akten. Nach seinem Verkauf an ein Wohnungsbauunternehmen wurde der Bunker 2011/2012 stückchenweise gesprengt. Danach entstanden auf dem Gelände Eigentumswohnungen.

An der Kreuzungssituation von Sudmühlenstraße und Handorfer Straße mit der Dorbaumstraße hat sich bis heute nicht viel geändert. In die Zeitung kam das Foto Anfang des Jahres 1971, weil das Autohaus einen neuen Ausstellungspavillon eröffnete. Zugleich macht die Aufnahme deutlich, dass sich das Gesicht des heutigen Stadtteils schon damals veränderte: Moderne mehrgeschossige Wohngebäude standen alten Häusern mit dörflichem Charakter unmittelbar gegenüber. Eine Tankstelle und eine Autoreparaturwerkstatt befinden sich noch heute an gleicher Stelle.

Dem alten Zoo an der Himmelreichallee trauerten viele Einheimische nach. Nicht nur wegen der Verlegung des Tierparks, sondern auch wegen der Größe war der Neubau der Westdeutschen Landesbank an dieser Stelle nicht unumstritten. Noch während der Bauzeit wurde dann bekannt, dass nicht die Westdeutsche Landesbank, sondern die Landesbausparkasse das neue Gebäude beziehen würde. Das Foto hält den Stand der Bauarbeiten im Februar 1971 fest. Im Hintergrund links ist die Bebauung an der Himmelreichallee zu erkennen.

Das Foto vom Juli 1971 zeigt im Vordergrund die Baracken der damaligen Stephanusschule (heute Dietrich-Bonhoeffer-Schule) in der Aaseestadt. Im Hintergrund erkennt man den noch nicht ganz vollendeten Schulneubau. Die Baracken hatten aber nach seiner Fertigstellung noch nicht ausgedient, vielmehr sollte hier dann der Fachbereich Wirtschaft der kurz darauf neugegründeten Fachhochschule Münster einziehen. Bis zur Fertigstellung des neuen Fachhochschulbaus an der Correnssstraße im Jahr 1974 waren die Seminarräume in diesem Provisorium untergebracht. Da aber kaum etwas so beständig ist wie ein Provisorium, blieben die Baracken auch noch länger dort stehen.

Die Ansicht der auf dem Foto festgehaltenen linken Seite der Steinfurter Straße vom August 1971 hat sich im Gegensatz zur gegenüberliegenden Straßenseite bis heute kaum verändert. Von der Vorkriegsbebauung hat sich nur wenig erhalten, die Wohn- und Geschäftshäuser zeigen eine Mischung von Bauten aus den 1950er und 1960er Jahren. Deutlich wird vor allem der Gegensatz zwischen den traufenständigen Wohnhäusern und dem quaderförmigen Neubau. Auch der kleine Parkplatz in dem Zwickel von Steinfurter Straße und Kapuzinerstraße hat sich erhalten.

In kaum mehr als einem Jahr wurde bis Anfang August 1971 dieses zweite sogenannte Verfügungszentrum der Westfälischen Wilhelms-Universität an der Robert-Koch-Straße im Garten der ehemaligen Hüfferstiftung errichtet. Auf einer Nutzfläche von rund 4.000 Quadratmetern waren im ersten Bauabschnitt farblich unterschieden in Blau und Zitronengelb damals die zahnmedizinische Abteilung und das geographische Institut untergebracht. Die Gebäude wurden im Baukastenprinzip in einem festen Raster aus vorfabrizierten Teilen errichtet.

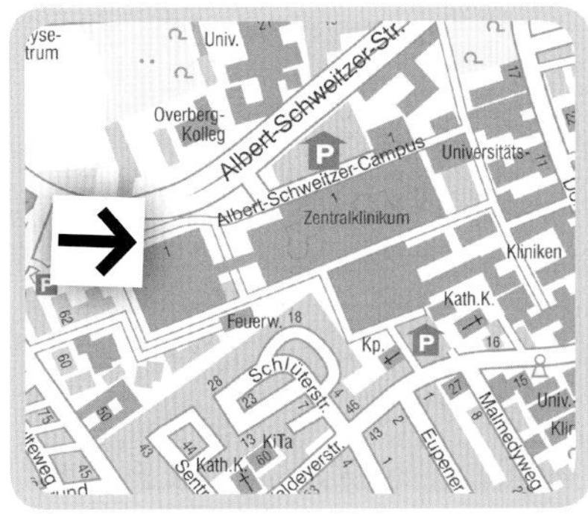

Das Foto hält im Sommer 1971 den frühen Stand der großflächigen Erdarbeiten für den Neubau des münsterischen Zentralklinikums an der Albert-Schweitzer-Straße fest. Dem gigantischen Bauprojekt waren mehrjährige Planungen und die Gründung einer eigenen Baugesellschaft vorausgegangen. Der Blick ist in Richtung des heutigen Rishon-Le-Zion-Rings gerichtet. Im Hintergrund erkennt man in der Bildmitte Klinikaltbauten und rechts den Turm der katholischen Klinikkirche an der Waldeyerstraße.

Der Bodenaushub des neuen Zentralklinikums konnte sinnvoll für eine zweite Großbaustelle genutzt werden: Der Ausbau der Autobahn in Richtung Norden hatte im Bereich von Nienberge einen Lärmschutzwall erforderlich gemacht, der auf das Engagement einer Bürgerinitiative zurückgeht. Kolonnen von Lastwagen transportierten die Erde nach Nienberge zwischen Autobahn und Besiedlung. Der Verein Lärmschutz Nienberge ist heute noch aktiv: Er erarbeitete Pläne zur Verbreiterung und Erhöhung des Walls, womit 2016 begonnen wurde. Das Foto vom Sommer 1971 ist von der Altenberger Straße in Richtung Südwesten aufgenommen worden.

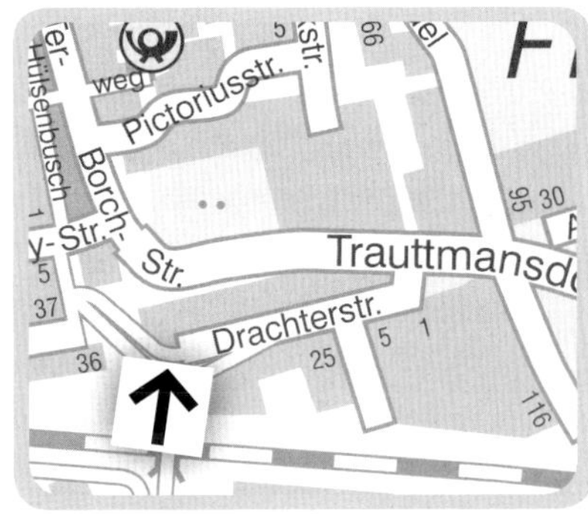

Nach Coerde im Norden stand als nächste Großsiedlung Berg Fidel auf dem städtischen Wohnungsbauprogramm. Allerdings war hier von Anfang an eine höhere Baudichte vorgesehen. Ende 1969 erfolgte der erste Spatenstich durch den münsterischen Oberbürgermeister Dr. Albrecht Beckel. Alle an der Siedlung beteiligten Wohnungsbauunternehmen mussten sich zu einer engen Abstimmung mit dem aus einem Wettbewerb als Sieger hervorgegangenen Düsseldorfer Architekten Jochen Kuhn und der Stadt Münster verpflichten. Das Foto gibt den Stand der Arbeiten im August 1971 mit Blick von der Drachterstraße aus auf die Bebauung an der Hogenbergstraße und am Rincklakeweg wieder.

Kaum wiederzuerkennen im Vergleich zu heute ist dieses Bürogebäude auf einem Foto vom Herbst 1971 an der Hammer Straße zwischen Siemens- und Trauttmansdorffstraße. Typisch für die Entstehungszeit um 1970 ist das Flachdach, das man rund dreißig Jahre später durch ein mächtiges Satteldach ersetzte. Auch die Fassade wurde dabei verändert. In dem Gebäude waren neben Wohnungen anfangs großflächige Büroräume der Philips Datentechnik untergebracht. Die Firma stand für ein frühes Computersystem der Datenverarbeitung im Büro. Mit dem Aufkommen von Mikroprozessoren und Personalcomputern verloren diese Systeme vollständig ihren einstmaligen Markt.

Anfang der 1960er Jahre befanden sich hier noch landwirtschaftlich genutzte Felder, 1971 war das Gebiet im Bereich von Umgehungsstraße und Autobahnzubringer mit Gewerbe- und Industriebetrieben weitgehend überbaut. Dazu gehörte auch dieses Gebäude an der Borkstraße, das von zwei Firmen genutzt wurde. Mit einiger Phantasie kann man noch die ursprüngliche Architektur wiedererkennen. Zu dieser Zeit versuchte die Stadt Münster, die Ansiedlung von Industrie- und Gewerbebetrieben zu verstärken.

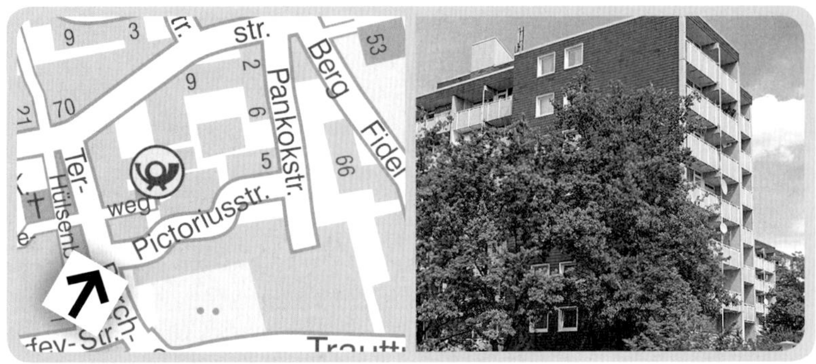

Nicht zuletzt macht dieses Foto der Fußgängerbrücke über die Ter-Borch-Straße in Berg Fidel vom Oktober 1971 deutlich, dass auch die Stadtplanung von Zeitströmungen und Moden abhängig ist. Bei Fußgängern erfreuten sich weder Über- noch Unterführungen großer Beliebtheit. Aber in Zeiten, in denen das Auto noch im Mittelpunkt der Verkehrsplanung stand, baute man eben lieber solche teuren Konstruktionen, anstatt einfache Fußgängerüberwege mit Zebrastreifen anzulegen. Wie überflüssig die Brücke war, zeigte sich auch daran, dass sie nach rund dreißig Jahren ersatzlos abgebrochen wurde.

Hinter dem Dom am Horsteberg gab es diesen eher ein wenig wild anmutenden Parkplatz noch im Oktober 1971. Nach langen Diskussionen über eine Bebauung, die auch die unterschiedlichen Vorstellungen von Generalvikariat und Stadt offenbarten und zu Leserbrieflawinen in den Lokalzeitungen führten, trat zunächst wieder für einige Jahre Stillstand ein. Im Jahr 1977 bezog die Bischöfliche Spar- und Darlehenskasse dann ihr neues Domizil am Horsteberg, und am Ende des Jahrzehnts folgte schließlich der Bau der Domkammer als Museum der münsterischen Bischofskirche.

Ohne das links im Bild zu sehende Straßenschild wäre die auf dem Foto vom Herbst 1971 wiedergegebene Situation im Kreuzungsbereich von Grevener Straße und Steinfurter Straße kaum noch zu lokalisieren. Die beiden Gebäude mit der architektonisch interessanten Autoreparaturwerkstatt von Heinrich Gundlage und das rechts zur Schmalen Straße hin anschließende Wohnhaus befinden sich bereits im Abriss für die Verbreiterung der Steinfurter Straße. Erst wenige Monate zuvor waren die Gebäude auf dem im Bildvordergrund zu sehenden Parkplatz abgebrochen worden.

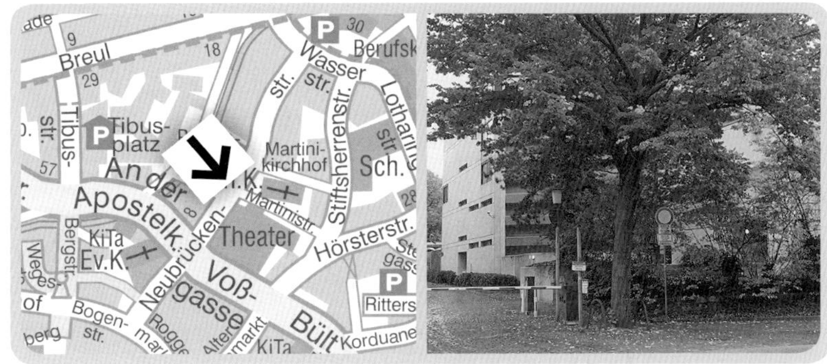

Die Bauarbeiten waren noch nicht ganz vollendet, als Anfang November 1971 das sogenannte Kleine Haus an der Neubrückenstraße eröffnet wurde. Es war Bestandteil des zweiten Bauabschnitts des neuen Theaters nach dem Krieg, der auch Garderobenräume für die Künstler, Räume der Verwaltung, Magazine sowie Werkstätten und eine Kantine umfasste. Das Architektenteam Max von Hausen, Ortwin Rave und Werner Ruhnau, das zusammen mit Harald Deilmann das Mitte der 1950er Jahre fertiggestellte Große Haus erbaut hatte, entwarf den markanten Erweiterungsbau in Sichtbeton.

Im Dezember 1971 waren die Arbeiten an der Erweiterung der Joseph-von-Eichendorff-Realschule an der Ecke von Altumstraße und Uppenbergstraße weit vorangekommen. Im Bild zu sehen ist die Schmalseite der Turnhalle, die mit einer künstlerisch gestalteten Betonfassade versehen ist. Nach der Schließung der Schule und dem Abriss der Erweiterungsbauten wurden im denkmalgeschützten Altbau und auf dem dahinterliegenden Gelände in den Jahren 2009 bis 2012 insgesamt 104 Wohnungen errichtet. Dazu gehören auch 17 Ateliers des Vereins Ateliergemeinschaft Schulstraße.

Dieses Foto von Anfang 1972 zeigt, dass es in Münsters Innenstadtgebiet auch noch die eine oder andere Schmuddelecke gab. Diese war damals noch recht frisch, befand sie sich doch auf dem Grundstück an der Ecke von Steinfurter Straße und Grevener Straße. Hier waren kurz zuvor mehrere Häuser für die geplante Straßenerweiterung abgerissen worden. Im Herbst 1972 begann dann die Besetzung des Hauses Grevener Straße 31, die rund vierzig Jahre andauern sollte und einen Abriss verhinderte. Die Überbauung der Grundstücke an der Steinfurter Straße erfolgte erst vor wenigen Jahren.

Im Februar 1972 hieß es noch in den Tageszeitungen, dass der linke Teil des Sendenschen Hofs an der Königsstraße restauriert und nur der rechte, später hinzugefügte Flügel abgerissen werden solle. Die Gebäude wurden dann aber für den von dem münsterischen Architekten Harald Deilmann entworfenen Neubau der Commerzbank im Stil des Brutalismus vollständig abgerissen. Lediglich das Vorderhaus des linken älteren Teils des Sendenschen Hofs wurde unter Verwendung von originaler Bausubstanz wiederaufgebaut.

Obwohl die beiden ersten Wohnhäuser zu beiden Seiten der Weseler Straße auch heute noch vorhanden sind, hat dieses Foto vom August 1972 von der Kreuzung mit dem Inselbogen nur wenig mit der heutigen Situation gemein. Rechts folgte bis zur Mitte der 1970er Jahre der Neubau für das Möbelhaus Rincklake van Endert, links wurde der gerade noch im Bild zu erkennende Flachbau für ein weiteres Möbelkaufhaus aufgestockt und später der heutige Bau der Sparkasse Münsterland Ost errichtet.

An der Ecke von Schillerstraße und Hansaring eröffnete im Oktober 1972 das Autohaus Hartmann einen Verkaufspavillon für die Automarken Chrysler, Simca und Sunbeam, die alle eher Exoten auf deutschen Straßen darstellten. In der ersten Hälfte der 1980er Jahre wurde der Pavillon abgerissen und durch ein Wohngebäude ersetzt. Das rechts anschließende Gebäude hat sich erhalten. Darauf folgt heute ein Neubau, in dem sich die Bundesnetzagentur befindet.

Nachdem die neue St.-Anna-Kirche in Mecklenbeck geweiht worden war, riss man den alten Kirchenbau an der Ecke von Dingbängerweg und Mecklenbecker Straße Ende November 1972 ab und baute die Kreuzung aus. Die alte Kirche war 1935 unter Einbeziehung einer früheren Kapelle und des Turms von 1886 durch Bischof Clemens August von Galen geweiht worden.

Nach dem Zweiten Weltkrieg brachte die Stadt in der ehemaligen Anlage des Reichsarbeitsdiensts Toppheide Flüchtlinge und später Obdachlose unter. Die Notunterkünfte in Gievenbeck waren, wie das Foto vom Mai 1973 zeigt, teilweise immer noch bewohnt. Der Abriss erfolgte nach der Umsiedlung der Menschen, die vor allem in sogenannten Schlichtwohnungen an der Trauttmansdorffstraße in dem neuen Stadtteil Berg Fidel untergebracht wurden. Bis zu einer neuen Überbauung dauerte es bis in die 1990er Jahre. Gegenüber standen allerdings schon die ersten neuen, mehrgeschossigen Wohnhäuser.

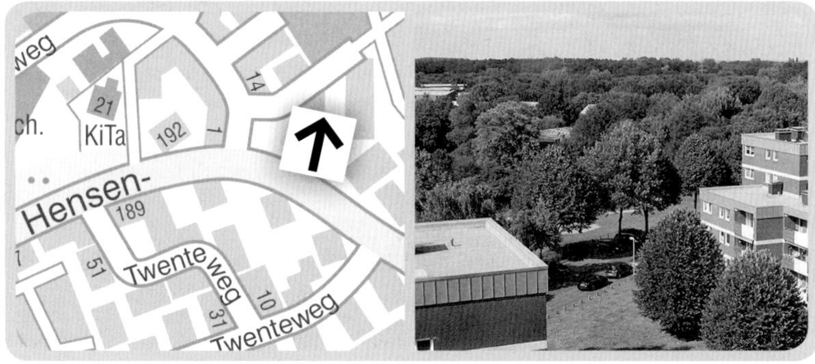

In dem Bereich von der Engel- zur Hafenstraße hat in den vergangenen Jahren ein großer architektonischer Wandel stattgefunden, doch dieses Geschäfts- und Bürohaus an der Ecke der beiden Straßen hat sich zumindest von außen seit seiner Fertigstellung Ende der 1960er Jahre kaum verändert. Da nicht nur Wohnraum in Münster stets knapp war, sondern auch zentraler Büroraum, war hier über lange Jahre hinweg das städtische Amt für Wohnungswesen untergebracht. Architektonisch war das rechteckige Gebäude, hier im Foto vom Mai 1973, mit seiner vorne wie hinten gleichförmigen Lochfassade allerdings kein besonderer Blickfang.

Im Juni 1973 befanden sich die Wohn- und Geschäftsbauten an der Kreuzung der Straße Am Burloh und der Westhoffstraße noch im Rohbau. In der Lokalzeitung wurde damals etwas vollmundig der Bau eines Geschäftsviertels in diesen Gebäuden angekündigt. Bis das Haupt- und Bürgerzentrum Kinderhaus mit einem vielfältigen Angebot von Geschäften und Dienstleistungseinrichtungen, Wohnungen sowie dem Bürgerhaus mit Veranstaltungsräumen, Jugendzentrum, Hallenschwimmbad und noch vielem mehr eröffnet wurde, dauerte es allerdings noch über zehn Jahre.

Noch bis in die 1970er Jahre gab es die Wäscherei Frauenlob an der Sonnenstraße. In der Mitte des Jahres 1973 erfolgte der Abriss der Gebäude. In den nachfolgenden Jahren entstand dort eine große Appartementanlage mit treppenförmig angeordneten Terrassen zur Promenade hin. Vor dem Zweiten Weltkrieg hatte sich die Wäscherei mit dem Wohnhaus der Eigentümer an der Gasse zur Promenade nur über zwei Parzellen erstreckt. Im Verlauf der 1950er Jahre wurde das Betriebsgelände um zwei weitere Grundstücke in Richtung Norden erweitert.

Am heutigen Stadtlohn- und Heekweg entstanden 1973 diese Wohnanlagen für Studierende. In der Lokalzeitung hieß es zu den Appartements: „Mit eigener Nasszelle und Kochschrank dürften sie zukünftig die Spitze der Qualitätsskala halten." Bei einer damaligen Umfrage stellte sich allerdings heraus, dass rund die Hälfte der Studierenden die Schallisolierung in den Wohnheimen bemängelte. Diese beiden Wohnheime in Gievenbeck existieren mittlerweile über vierzig Jahre. Die Gebäude am Stadtlohnweg wurden 2011 renoviert, 2018 soll die Sanierung der Häuser am Heekweg folgen.

An der Ecke von Windthorststraße und Von-Vincke-Straße entstand das neue Büro- und Geschäftshaus der Württembergischen Versicherung. Anstelle der im Zweiten Weltkrieg zerstörten Architektur stand nach der Verbreiterung der Von-Vincke-Straße hier jahrzehntelang ein eingeschossiger Bau. Die Mitte September 1973 entstandene Aufnahme macht deutlich, dass der für Ende des Jahres geplante Bezugstermin wohl nicht zu halten war.

Obwohl mitten in der Innenstadt gelegen, werden wohl die wenigsten Einheimischen diesen Anblick kennen. Das Foto vom September 1973 hält den Blick von der rückwärtigen Parkrampe der Commerzbank in Richtung Königsstraße mit der Ludgerikirche im Hintergrund fest. In den Neubau wurde der Sendensche Hof integriert, allerdings nach dem Abriss der historischen Bausubstanz nur als Rekonstruktion mit Teilen der alten Innenausstattung. Die Zeitung Westfälische Nachrichten zitierte den Architekten zu dem als Baustoff verwendeten Sichtbeton damals: „‚Als relativ neutral', beurteilte ihn Prof. Deilmann, der allerdings konzedierte, daß bei der älteren Generation Beton vielleicht Assoziationen an Bunker erwecken könnte. Aber gerade dieses zurückhaltende Material lasse dem historischen Adelshof den erforderlichen Lebensraum."

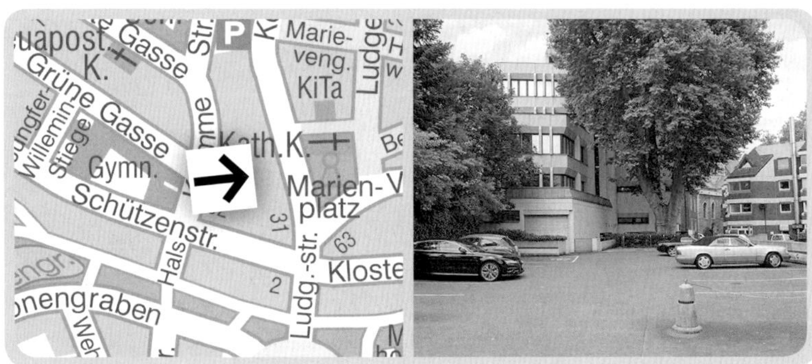

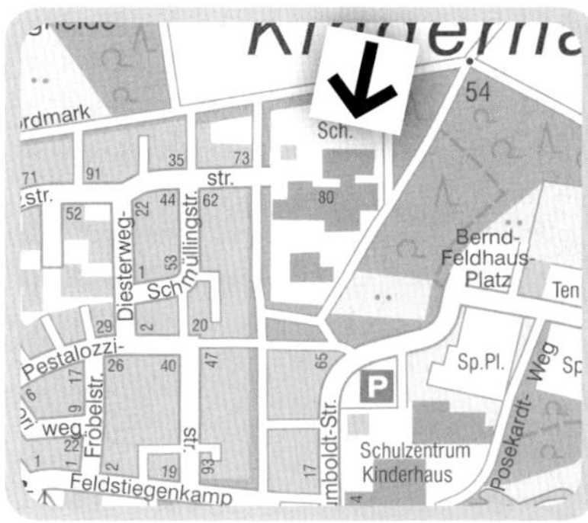

Am 20. September 1973 feierte die Papst-Johannes-Schule an der Diesterwegstraße in Kinderhaus Richtfest. Der bis auf den Verwaltungstrakt eingeschossige Bau verteilt sich aufgelockert auf einer Fläche von etwa 36.000 Quadratmetern. Die Schule bot neben zwanzig Klassenräumen, Werkstätten, Turnhalle, Außensportplätzen außerdem noch ein Hallenschwimmbad, einen Verkehrsübungsplatz und anderes mehr. Die in Trägerschaft des Bistums befindliche Förderschule für Geistige Entwicklung nahm 1974 den Schulbetrieb auf. Rechts im Hintergrund erkennt man die im Bau befindlichen Hochhäuser an der Josef-Beckmann- und der Sprickmannstraße.

Ein Jahr nach der Weihe der neuen Kirche St. Anna in Mecklenbeck nahmen im September 1973 auch die Außenanlagen zusehends Gestalt an. Damals war der große Sakralbau mit seiner spiralförmigen Struktur – ebenfalls von dem münsterischen Architekten Harald Deilmann entworfen – ausschließlich von Ackerflächen umgeben. Außen mit Backstein verkleidet, zeigt die Kirche im Inneren viel rohen Beton. 2014 wurden St. Anna und das Gemeindezentrum wegen ihrer Architektur in die Denkmalliste der Stadt Münster aufgenommen.

Spätestens mit dem Erweiterungsbau der PSD Bank Westfalen-Lippe am Albersloher Weg lässt sich dieser auf dem Foto vom Herbst 1973 festgehaltene Blick in Richtung Bahngleise nicht mehr nachvollziehen. Nach dem Abriss des alten städtischen Fuhrparks blieb das rechts der Straße gelegene Gelände jahrzehntelang unbebaut und diente teilweise als Parkplatz. Ein Kinderspielplatz, für den der Rat bereits 120.000 DM bereitgestellt hatte, wurde nicht realisiert. Nachdem die Bank 2008 ihr neues Gebäude mit der Medienfassade bezogen hatte, wurde der 2016 vollendete Erweiterungsbau vollständig vermietet. In der Mitte des Fotos erkennt man im Hintergrund noch die 2009 abgerissenen Lokschuppen und ein altes Betriebsgebäude der Bahn.

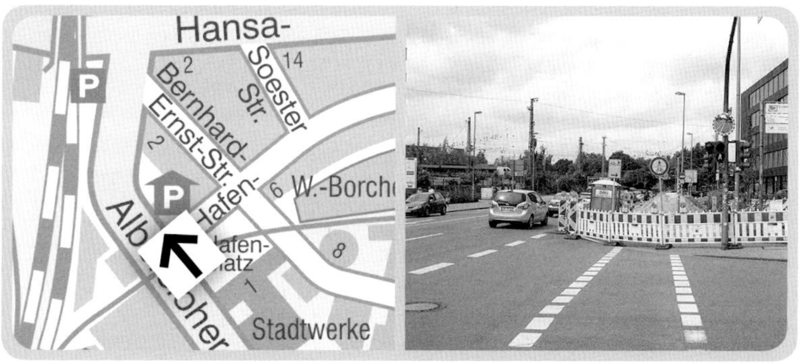

Die Genehmigung für den Abriss des Altbaus Frauenstraße 24 war im Herbst 1973 schließlich erteilt worden. Zuvor hatte der Eigentümer den Zustand des Gebäudes mutwillig verschlechtert. Doch als die Bauarbeiter anrückten, hatten Studierende das Gebäude kurz zuvor besetzt. Auf dem Transparent stand: „Hier greifen Bürger zur Selbsthilfe. Gegen Zweckentfremdung von Wohnraum." Ein von den damaligen Studentenausschüssen der münsterischen Hochschulen gegründeter „Aktionsrat Wohnungsnot" wandte sich an die Öffentlichkeit und bat um Möbelspenden für die besetzten Altbauwohnungen. Auch später drohte noch die Abrissgefahr, doch letztlich blieb die Frauenstraße 24 erhalten und findet sich heute auf der Denkmalliste der Stadt Münster.

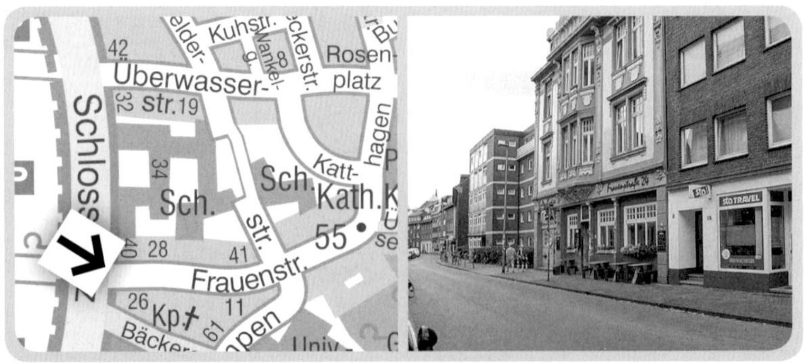

Die Lokalzeitung veröffentlichte dieses Foto im November 1973, um auf die neuen Laternen in der Fußgängerzone der Bergstraße hinzuweisen. Deutlich werden allerdings auch die Baulücken rechts und links im Vordergrund. Das Gebäude rechts vor der Gaststätte war Mitte der 1960er Jahre abgebrochen worden, während das ehemalige Armenhaus Elisabeth zur Aa links erst wenige Monate zuvor abgerissen worden war. Hier entstand seit April 1975 der großflächige Neubau mit Gastronomie, Geschäften, Büros und Wohnungen. Gegenüber dauerte es hingegen bis in die frühen 1990er Jahre, bis die neue Bebauung vollendet war.

Der Neubau links im Foto vom Ende des Jahres 1973 steht zwar noch heute an gleicher Stelle des Bohlwegs, doch das rechts zu sehende Gebäude wurde Mitte der 1970er Jahre für den zweiten Bauabschnitt des neues Staatsarchivs abgerissen. Bei diesem später aufgestockten Altbau handelte es sich um das ehemalige Verwaltungsgebäude, an das rechts der bis heute erhaltene Magazinbau anschließt. Beide wurden im Jahr 1889 bezogen. Dem Neubau des Staatsarchivs waren lange Planungen vorausgegangen. Zeitweilig hatte die Stadtverwaltung sogar den Abriss des hohen Magazingeschosses gefordert, um die Fürstenbergstraße verbreitern zu können. Der Neubau besteht aus einem Stahlbetonskelett mit Fensterbändern und vorgehängtem Sichtbetonstreifen.

So sah die Stubengasse im Dezember 1973 aus. Von den rechts zu sehenden Gebäuden steht heute noch das hintere Wohn- und Geschäftshaus. Das vordere Wohnhaus wurde für die Erweiterung des ehemaligen Horten-Kaufhauses abgerissen, dem Neubau des Hanse-Carrés musste 2007 das Verwaltungsgebäude des Regierungspräsidiums im Hintergrund weichen. Das leicht zurückversetzte Parkhaus wurde in den Jahren 2009–2010 in ein modernes Wohn- und Geschäftshaus umgebaut. Die Bebauung des ehemaligen Parkplatzgeländes auf der linken Bildseite erfolgte bis zum Jahr 2009. Das Gebiet hat sich dadurch von einem städtischen Hinterhof in eine attraktive Fußgängerzone gewandelt.

Die geburtenreichen Jahrgänge machten in den 1960er und 1970er Jahren die Erweiterung zahlreicher Schulgebäude erforderlich. In der Innenstadt kam es dabei manchmal zu erstaunlichen Lösungen: So ist auf diesem Foto vom Dezember 1973 eine Erweiterung des Annette-von-Droste-Hülshoff-Gymnasiums zu sehen, die aber nicht an die übrigen Gebäude dieser Schule angefügt wurde, sondern an die Aegidii-Ludgeri-Schule an der Ecke der Krummen Straße und der Breiten Gasse. Das Gebäude wird heute immer noch von dem Gymnasium genutzt.

Hier hat sich seit Januar 1974 im Vergleich zu heute nahezu alles verändert. Man blickt von der Einmündung der Fliednerstraße auf die Von-Esmarch-Straße. Lediglich die Gebäude rechts und links außen haben sich bis heute erhalten. Dabei handelt es sich um das ehemalige Veterinäruntersuchungsamt, das allerdings um eine Etage aufgestockt und in ein Mehrfamilienhaus umgebaut wurde. Das Wohnhaus an der Schreiberstraße links ist heute hinter einem Neubau verschwunden, der erst vor kurzem fertiggestellt wurde. Nach dem Abriss der Tankstelle und des dahinterliegenden Wohnhauses erfolgte bereits zu Beginn der 1980er Jahre die Überbauung mit einem Komplex von Wohnungen, Gastronomie und Büros.

Da sich die Planungsphase für das Zentrum Nord hinzog und zu Beginn der 1970er Jahre ein großer Bedarf an Büroraum bestand, bot die städtische Verwaltung Ausweichflächen am Bröderichweg an. Das Gebiet wurde rasch mit Gebäuden der Bank- und Versicherungswirtschaft überbaut. Den Anfang machte die Provinzial-Versicherung mit ihrem Hauptgebäude für rund 1.300 Beschäftigte. Der Komplex umfasste etwa 22.000 Quadratmeter, wobei drei Etagen jeweils als ein Bürogroßraum für 330 Personen gestaltet waren. Das Foto hält den Stand der Bauarbeiten Anfang Januar 1974 fest. Ein halbes Jahr später sollte das Gebäude bezogen werden.

Der Baubeginn der Sparkassenakademie folgte nur kurze Zeit nach dem der unmittelbar angrenzenden Provinzial-Versicherung. Der Vergleich zu der heutigen Ansicht macht allerdings deutlich, dass mehrere Erweiterungen und Umbauten in den vergangenen vierzig Jahren das Bauwerk stark verändert haben. Im hinteren Teil des Gebäudes befand sich das Akademiehotel, das später noch einen Anbau erhielt. Wegen des Umzugs der Akademie nach Dortmund begannen 2015 erneut Umbauarbeiten an dem nun Sparkassen-Campus benannten Komplex. Das Foto vom Januar 1974 gibt den Blick von der damaligen Zufahrtsrampe am Bröderichweg wieder.

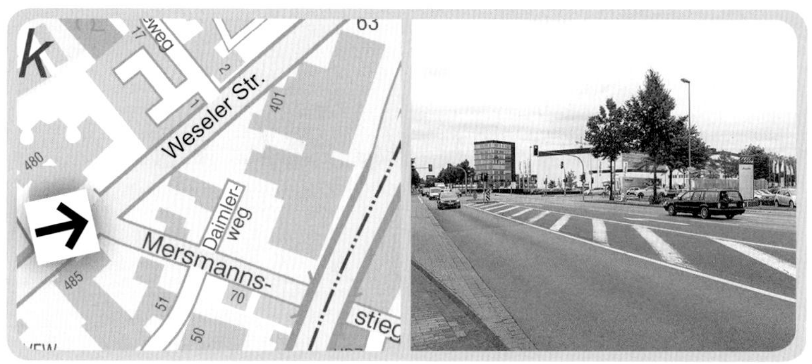

In den späten 1960er Jahren begann der Ausbau des zwischen Weseler Straße und Autobahnzubringer gelegenen Geländes mit Industrie- und Gewerbebetrieben. Nach der Farbenfabrik Hobrecker und König siedelten sich im Kreuzungsbereich zur Mersmannstiege etwa eine Autohandlung sowie ein Autoteile- und -zubehörhändler, ein Möbelkaufhaus und eine Buchdruckerei an. Im Laufe der Jahrzehnte dehnte sich die Farbenfabrik immer weiter aus und belegt mittlerweile mit umfangreichen Neu- und Umbauten das gesamte Gelände. Das Gebäude des Autohauses an der Ecke zur Mersmannstiege lässt sich noch heute mit etwas Phantasie am rechten Bildrand des Fotos vom Januar 1974 wiedererkennen.

Im Zusammenhang mit der Erbauung des großen Hörsaalgebäudes wurde auch ein Fußgängertunnel unter der heutigen Straße Schlossplatz angelegt. Der Tunnel, auf dem Foto von Anfang 1974 noch recht sauber und mit funktionierender Beleuchtung der Reklamefenster, verwahrloste und verdreckte zusehends. Die Bevölkerung verweigerte die Nutzung der Unterführung weitgehend und querte trotz damals noch nicht vorhandener Fußgängerampel weiterhin die vielbefahrene Straße. Nach der Schließung des Tunnels wurde er später mehrfach für Kunstprojekte kurzfristig genutzt.

Das wenige Monate vor der Eröffnung des ersten Allwetterzoos in Europa am 2. Mai 1974 aufgenommene Foto zeigt den Eingangsbereich des Zoos mit der Freitreppenanlage und dem zukünftigen Restaurant rechts. Viel Beton prägte die gesamte Anlage, was wegen des noch geringen Baumbewuchses in den ersten Jahren besonders deutlich wurde.

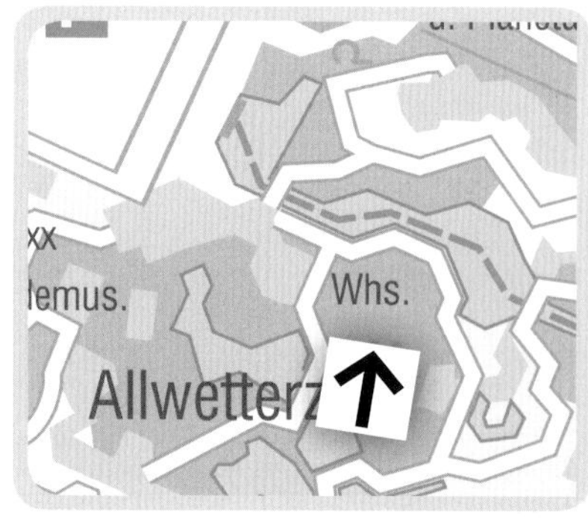

Trotz der zahlreichen Straßenschilder fällt die genaue Lokalisierung dieser Aufnahme zunächst schwer, weil kaum etwas mit der heutigen Situation übereinstimmt. Wo auf dem Foto von Anfang 1974 der VW-Käfer steht, befindet sich heute ein großer Baum auf dem kleinen Platz vor dem alten Haus Martinistraße 2. Zeitweilig wurde sogar der Abriss des Gebäudes erwogen. In die zur Hörsterstraße gerichtete Seite des Hauses, in dem sich heute ein Café befindet, wurden neue Fensterdurchbrüche und eine neue Eingangstür eingefügt. Links erfolgte in den frühen 1980er Jahren ein Neubau mit Gastronomie, Büros und Wohnungen.

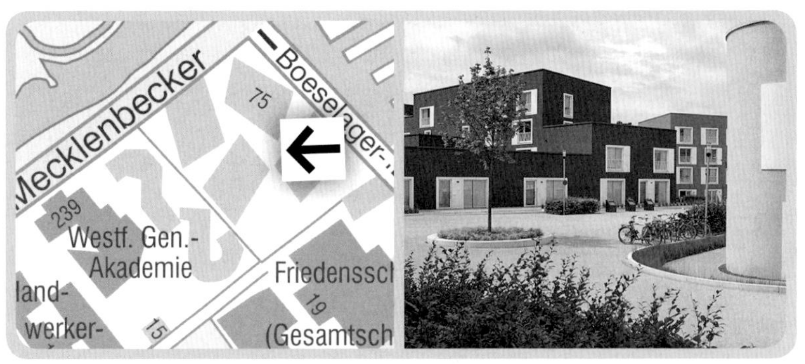

Hier werden sich früher oftmals Schlangen gebildet haben. Denn für viele Studierende bot diese Telefonzelle des Wohnheims an der Boeselagerstraße vor der Einführung von Handys eine der wenigen Möglichkeiten, ein Ferngespräch zu führen. Das Foto vom Sommer 1974 gibt den Blick auf den Innenhof des gerade bezogenen Gebäudes wieder, das aus verschiedenen rechtwinklig zueinander angeordneten und in der Höhe gestaffelten Flügeln bestand. Nach knapp vierzig Jahren erwies es sich als günstiger, den alten Waschbetonbau mit insgesamt 720 Einzelappartements mit einer Größe von jeweils etwa 17,5 Quadratmetern abzureißen und ein neues Wohnheim nach aktuellem Standard zu errichten. Nach dem Abriss im Sommer 2012 konnten bereits im Herbst des folgenden Jahres Appartements in dem ersten Abschnitt der farbig gestalteten Anlage bezogen werden, die nach ihrer Fertigstellung 2014 rund 535 Studierenden eine neue Bleibe bot und zu diesem Zeitpunkt die größte Passivhaussiedlung Europas darstellte.

Auch im Jahr 1974 wurde im Gebiet um den münsterischen Stadthafen fleißig gebaut. Das im Bau befindliche Heizkraftwerk der Stadtwerke ist eines der wenigen Gebäude auf der südlichen Hafenseite, das sich – wenn auch mit einigen Erweiterungen – bis heute erhalten hat. Das Foto macht deutlich, welch tiefgreifender Wandel sich in diesem Stadtgebiet Münsters vollzogen hat. Die Bedeutung des Kanalanschlusses für die Gewerbebetriebe hatte immer stärker abgenommen, so dass seit Mitte der 1990er Jahre zunächst vor allem am gegenüberliegenden Ufer die alten Speicher neuen Nutzungen zugeführt und zahlreiche neue Gebäude mit Geschäften, Büros und Gastronomie errichtet wurden.

Aus heutiger Sicht ist es kaum vorstellbar, dass Niedersachsenring und Bohlweg noch vor den Bahnlinien zusammengeführt und zweispurig unter den Gleisen verliefen. Über Jahre hinweg befand sich seit 1973 dort eine Großbaustelle, die auch einen vollständigen Umbau dieser Kreuzungssituation erforderte. Im Januar 1981 war der Ausbau schließlich vollendet. Das Foto vom September 1974 zeigt die drei heute noch bestehenden Häuser zwischen Staufenstraße, Kaiser-Wilhelm-Ring und Bohlweg, neben denen damals eine provisorische Brücke für die Eisenbahn errichtet wurde.

Ende 1974 war das neue Gebäude der Fachhochschule Münster an der Correnssstraße weitgehend fertiggestellt. Für viele Studierende der 1971 aus verschiedenen Vorgängereinrichtungen hervorgegangenen Neugründung der münsterischen Fachhochschule endete damit eine Unterbringung in Provisorien. In dem ursprünglich vierflügeligen Gebäude waren damals die Fachbereiche Architektur, Bauingenieurwesen und Betriebswirtschaft untergebracht.

Mit der kommunalen Gebietsreform wurde 1975 auch Nienberge nach Münster eingemeindet. Erst wenige Jahre zuvor war mit der Bebauung des unmittelbar westlich der Kirche St. Sebastian gelegenen Geländes begonnen worden. Links der Straße Zur Gräfte entstand eine kleine Siedlung mit Flachdachbungalows. Das Foto vom Januar 1975 zeigt rechts den Stand der Arbeiten an der neuen bis zu viergeschossigen Wohnanlage mit Geschäften und Dienstleistungsbetrieben zur Sebastianstraße hin.

Anfang des Jahres 1975 waren einige der Baracken am Schwarzen Kamp trotz des offensichtlich verwahrlosten Zustands immer noch bewohnt. Sie waren in der Zeit des Nationalsozialismus als Reichsarbeitsdienstlager entstanden und dienten in der Nachkriegszeit als Flüchtlingsunterkünfte. Danach zogen vor allem einkommensschwache und sozial benachteiligte Familien in die Baracken, die 1975/1976 abgerissen wurden. Wenige Jahre später entstand hier eine Doppelhaussiedlung.

Selbst wenn man schnell an das neue naturwissenschaftliche Zentrum der Universität denkt, so wird die Perspektive erst durch die Kirchtürme der münsterischen Innenstadt deutlich. Im Vergleich zu heute ist allerdings offensichtlich, dass der Ausbau Anfang des Jahres 1975 noch in vollem Gange war. Man blickt vom neuen Gebäude der Fachhochschule an der Corrensstraße auf den Neubau des damaligen Allgemeinen Verfügungszentrums, rechts sieht man den ersten Neubau des Fachbereichs Physik und dahinter den Komplex des Mathematischen Instituts an der Einsteinstraße. An den Freiflächen zwischen den Neubauten in der Bildmitte wird deutlich, dass der Orléans-Ring zu diesem Zeitpunkt noch nicht ausgebaut war.

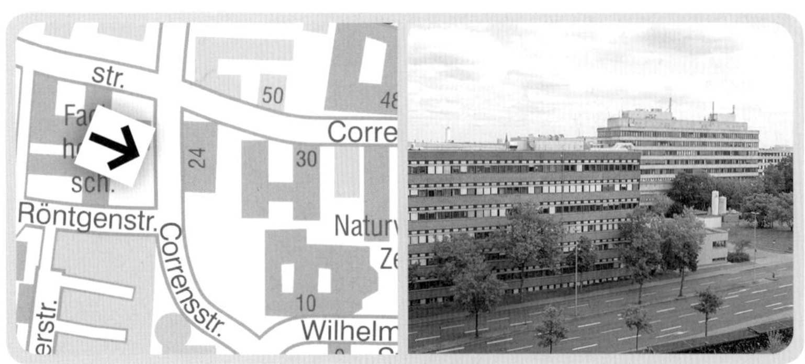

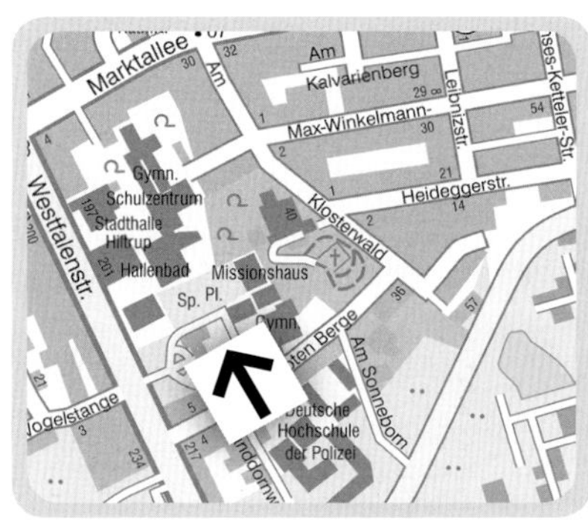

Noch bevor Hiltrup am 1. Januar 1975 eingemeindet wurde, waren einige wichtige Bauprojekte begonnen oder beschlossen worden. Links im Bild vom Februar 1975 befindet sich das neue Hallenbad, dahinter erkennt man die Baustelle der neuen Stadthalle, deren Vollendung sich aber bis 1980 hinzog. Rechts sieht man das neue Schulzentrum mit Haupt- und Realschule. Im Vordergrund folgte kurze Zeit später der Neubau für das Immanuel-Kant-Gymnasium.

Nach dem Bau der Studierendenwohnheime am Horstmarer Landweg war die Nutzung der 1968 fertiggestellten Sternwarte durch das Astronomische Institut der Universität wegen der Licht- und Wärmeausstrahlung und der nun fehlenden Rundumsicht nicht mehr möglich. Das fehlinvestierte Geld für die Sternwarte wurde 1975 sogar zu einem Thema des „Bunds der Steuerzahler". Nachdem das Gebäude in den 1980er Jahren nicht genutzt wurde, sind nach einem Umbau seit 1991 zwei Wohnungen in der Sternwarte entstanden. Nach dem Abriss der Wohnheime wurde bei der Errichtung der zehn neuen Häuser des Studentenwerks 2011/2012 dann mehr Rücksicht auf die freie Sicht der Sternwartenbewohner genommen.

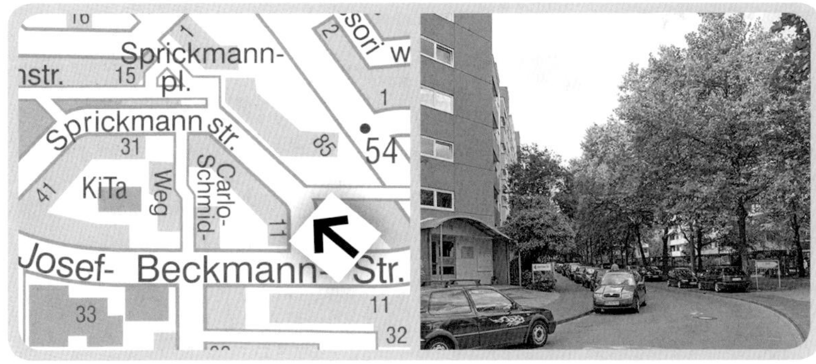

Nach Coerde und Berg Fidel begannen Anfang der 1970er Jahre die Arbeiten an dem Ausbau von Kinderhaus. Die ursprünglichen Planungen wurden mehrfach überarbeitet, was vor allem mit einer erheblichen Aufstockung der Wohnungsanzahl verbunden war. Das Foto vom August 1975 zeigt die Großsiedlung Brüningheide. Von den 1.700 Wohneinheiten waren nahezu neunzig Prozent für den sozialen Wohnungsbau bestimmt. Aus Kostengründen musste vielfach auf ursprünglich vorgesehene Grünanlagen verzichtet werden.

Das Foto von Anfang September 1975 zeigt den alten Schlachthof der Stadt Münster, der fast die gesamte Fläche zwischen Kanal-, Rjasan- und Gartenstraße sowie Lublinring einnahm. Seit 1979 war der münsterische Schlachthof verpachtet, aber auf Dauer nicht mehr wirtschaftlich zu betreiben. Auch die Lage in einem Wohngebiet erwies sich zunehmend als problematisch. 1995 veranstaltete die Stadt einen Wettbewerb für eine Wohnüberbauung des Geländes. Nach dem Abriss des Schlachthofs im Jahr 1998 war auf dem Gelände wenige Jahre später ein neues Wohnquartier entstanden. Noch bis heute wird das Gebiet etwa in der städtischen Statistik als Stadtteil Schlachthof bezeichnet.

Zeitlich eher am Ende der Bebauung von Berg Fidel entstanden die weitflächigen Gebäude des Seniorenzentrums Haus Simeon. Das von der Diakonie Münster betriebene Zentrum wurde 1977 eröffnet und bietet Senioren bis heute altersgerechte Bungalows, Wohnungen und Pflegeplätze. Das Foto vom November 1975 zeigt im Mittelgrund das mehrgeschossige Haupthaus, vor dem in vier Reihen Bungalows angeordnet sind. Im Hintergrund links erkennt man das auf dem höchsten Punkt des Stadtteils errichtete Hochhaus mit 17 Geschossen, das den Spitznamen Weißer Riese erhielt.

Literaturhinweise

Architektur + Stadtplanung. 50 Jahre Wiederaufbau und Stadtentwicklung 1945–1995 Münster. Dokumentation vom VII. Bauforum, Münster 1995.

Einwohnerbuch der Stadt Münster (Westf.), 1965/1966, 1967/1968, 1969/1970, 1971/1972, 1973/1974, 1975/1976, Münster.

Gebietsentwicklungsplan der Landesplanungsgemeinschaft Westfalen. Teilabschnitt Münster Stadt und Land (Entwurf), ohne Ort, ohne Jahr.

Haunfelder, Bernd, Münster. Wiederaufbau und Wandel, Münster 2000.

Haunfelder, Bernd/Schollmeier, Axel, Die fetten Jahre. 1957 bis 1968 in Fotos von Willi Hänscheid, Münster 2004.

Hoss, Karl, Das Schulwesen der Stadt Münster 1945–1976, Münster 1979.

Münster 1967–1972. Bericht des Oberstadtdirektors über das kommunale Geschehen und die Arbeit von Rat und Verwaltung, Münster 1973.

Provinzialhauptstadt Münster/Westf. 1961–1966. Bericht des Oberstadtdirektors, Münster 1967.

Richard-Wiegandt, Ursula, Das neue Münster. 50 Jahre Wiederaufbau und Stadtentwicklung 1945–1995, Münster 1996.

Richard-Wiegandt, Ursula, Münster und seine Stadtteile. 30 Jahre Eingemeindung 1975–2005, herausgegeben von der Stadt Münster – Stadtplanungsamt –, Münster 2005.

Stadt Münster. 12 Jahre Bauverwaltung 1966–1978. Arbeitsbericht, 1978.

Abbildungsnachweis

Stadtarchiv Münster: S. 23–24 (FS-14230, FS-19837; M. Frank)

Stadtmuseum Münster: S. 8, 12, 25; Sammlung Hänscheid: S. 26–32, 37–41, 49, 53–56, 59, 62–64, 66, 68–79, 82, 84, 89; Vergleichsfotos Gregor Wintgens: S. 26–165

Westfälische Nachrichten, Sammlung Krause: S. 2, 9, 11, 13, 17–22, 33–36, 42–48, 50–52, 57–58, 60–61, 65, 67, 80–81, 83, 85–88, 90–165

Vermessungs- und Katasteramt der Stadt Münster, Amtlicher Stadtplan der Stadt Münster, Stand 2015, vervielfältigt mit Genehmigung vom 7.7.2015, Kontrollnummer: 6222.296.15: Kartenausschnitte S. 26–165

Impressum

Titelgestaltung, Satz: Markus Bomholt, Münster

Verlag: Aschendorff Verlag GmbH & Co. KG, Münster

Printed in Germany

ISBN 978-3-402-13269-2